MANGA **SWIMMING** PRIMER

讓你技巧進步的漫畫圖解游泳百科

就是愛游泳！

漫畫◎岩元健一
監修◎森謙一郎（日本游泳聯盟競泳強化人員）
翻譯◎陳姿瑄
審訂◎陳怡仲（臺灣游泳名將）

前言

這是本為了怕水的人，以及不會游泳的人而編寫的書。

「游泳」這項運動，比起想著如何「學會游泳」，「習慣游泳」更有助於不斷的進步。就像騎腳踏車一樣，你還記得第一次成功時的感動嗎？還記得靠著自己的力量馳騁的暢快嗎？無論是誰，一開始都需要在他人的幫助下反覆練習，即便如此，練習中也會摔倒好幾次，對不對？

游泳也一樣。一開始也許不知道如何在水中吐氣，但只要在旁人的幫助下練習，就能很快的學會用鼻子吐氣，感受身體漂浮在水中的愉悅，進一步學會如何游得更加的輕快敏捷。這時的你，那股在水中游泳的快樂，就像騎腳踏車一樣，或許會想游得更快。別著急，只要持續進行書中的練習，你一定能體驗如同第一次騎上腳踏車時的感動，也就是「原本不會游，但現在終於學會游泳的暢快」。

來，做好暖身運動、沖沖身體，然後一起下水吧！

森謙一郎
（日本游泳聯盟競泳強化人員）

登場人物

MANGA **SWIMMING** PRIMER

河原田航平

就讀小學二年級，原本並不喜歡下水，在媽媽建議下開始上游泳課。隨著學習到一個又一個游泳技巧，漸漸的⋯⋯

櫻田早紀

就讀小學四年級，總是在神遊，但仰式技巧一級棒，是航平在游泳教室裡第一個注意到的人。

立石太一

航平的同學，就讀小學二年級，是一位優秀的游泳對手。

河原田梨花

航平的姊姊，就讀小學四年級，擅長自由式，和翔太處不好。

田所教練

喜歡在下巴比V字手勢的神祕教練，好像認識航平的媽媽。

角倉英一

就讀小學四年級，熟悉游泳理論，擅長蝶式。

若林翔太

就讀小學四年級，擅長蛙式，一天到晚和梨花吵架。

航平與梨花的媽媽

安排航平去學游泳，不知道為什麼，具有豐富的游泳知識。

三種游法

第5章 仰式

不用將臉埋入水中，非常適合初學者。

這種游法不用將臉埋入水中，所以怕水的人也可以安心練習。就算不擅長自由式或蛙式，也有可能擅長仰式。

第6章 蛙式

游不好的人，可以多練習彎曲腳踝踢水。

很多人覺得蛙式很難，因為「無法前進」、「速度很慢」，但只要學會在打水時彎起腳踝，游泳速度就會變得又快又流暢。

從書中可以學到的

MANGA **SWIMMING** PRIMER

第4章 自由式

最快最有力的游法，是游泳的代表姿勢。

雙腿像甩鞭一樣踢水，就能加快游泳速度。打水與身體的轉動是游泳的基礎，一定要做好扎實的練習。

蝶式

雙臂打開，身體像海豚一樣向前游動，是一種深具爆發力的泳姿。在本書中並不會介紹到蝶式，不過有機會的話，一定要試試看！

目次

MANGA **SWIMMING** PRIMER

第2章 挑戰浮在水面上

第6章 有助於游好蛙式的練習

本書的特色與使用方法

MANGA **SWIMMING** PRIMER

1 閱讀漫畫，感受進步的快樂

在漫畫「水是好朋友！」中，可以感受到各種游泳的樂趣，例如漂浮在水上的快樂等。「像航平這種，短時間內就能游得很好的小學生很多。」（監修的森教練經驗談）。看完漫畫後，就去泳池練習吧！

2 學會原本不會的技巧

閱讀後，可以學會很多原本不會或是做不好的技巧。例如原本自由式游得不好，只要按照書中的步驟，從第75頁開始練習，慢慢的就能游出漂亮的自由式。

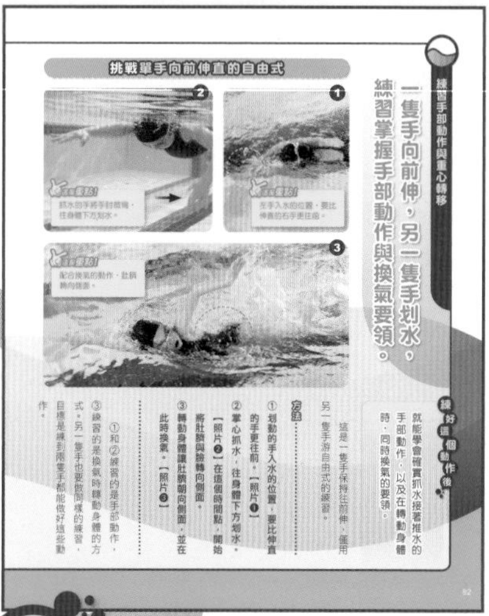

3 看著照片，自己做練習

書中有許多照片與圖片，自己練習時，可以做為參考。只要參考這些圖片，在腦海中想像正確的游泳姿勢，泳技就會進步。

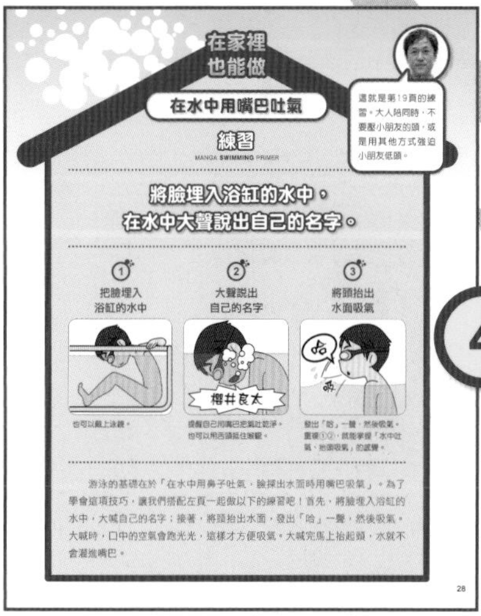

WIMMING PRIMER

4 在家裡也可以做練習

「在家裡也能做的練習」單元中，詳列了學習步驟，大家可以對著鏡子或躺在棉被上，練習正確的身體動作與姿勢。下水驗證在家練習的成果後，回家再繼續練習，不斷重複這兩個步驟，就會越游越好。

水是好朋友！
學著在水中吐氣
第1章
咦，我也要學游泳？
航平！
你到底要洗多久？
叩
叩
我要開門嘍！
喀
鏘
河原田梨花（小四）

啊——
嗚……
抖
抖
媽，航平他——

噗哈！
嘩啦
憋、憋死我了。
河原田航平（小二）
哈！
呼！

你……
姊、姊姊？
抖
抖
你在做什麼？
你不要隨便進來啦！
還不是因為不管怎麼喊，你都沒回應！

還有，
你到底在做什麼？
抓
我在練習……
漂
漂
練習在水中憋氣。
揉
憋氣會死掉吧？
現在才四月，你就要開始練習了嗎？

剛才看到電視上游泳選手的訪問，讓我想起一件事。
抖
抖
上游泳課的季節，又要開始了……
那很好啊！
才不好！
因為……

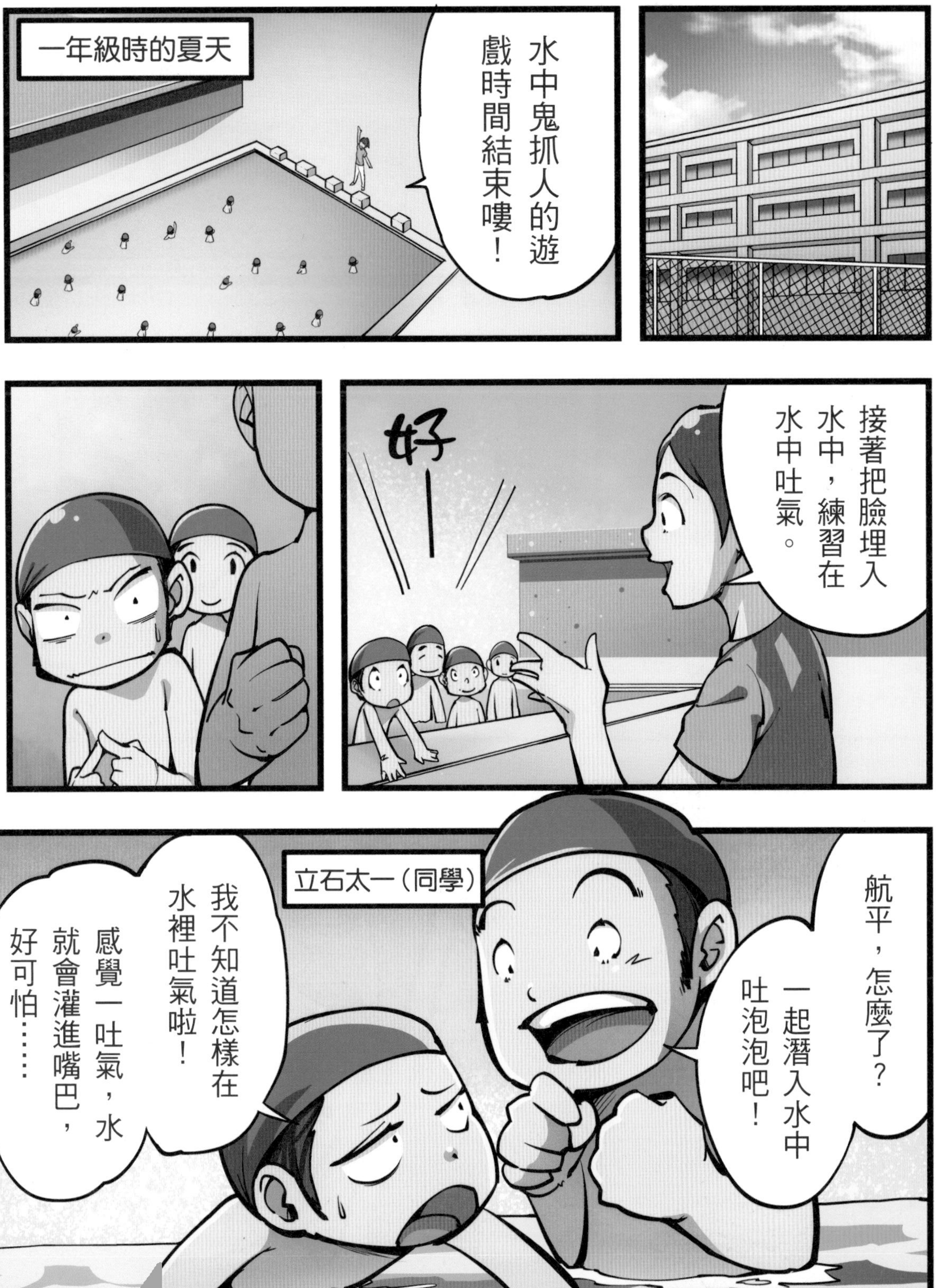
一年級時的夏天
水中鬼抓人的遊戲時間結束嘍！
接著把臉埋入水中，練習在水中吐氣。
好
航平，怎麼了？
一起潛入水中吐泡泡吧！
立石太一（同學）
我不知道怎樣在水裡吐氣啦！
感覺一吐氣，水就會灌進嘴巴，好可怕……

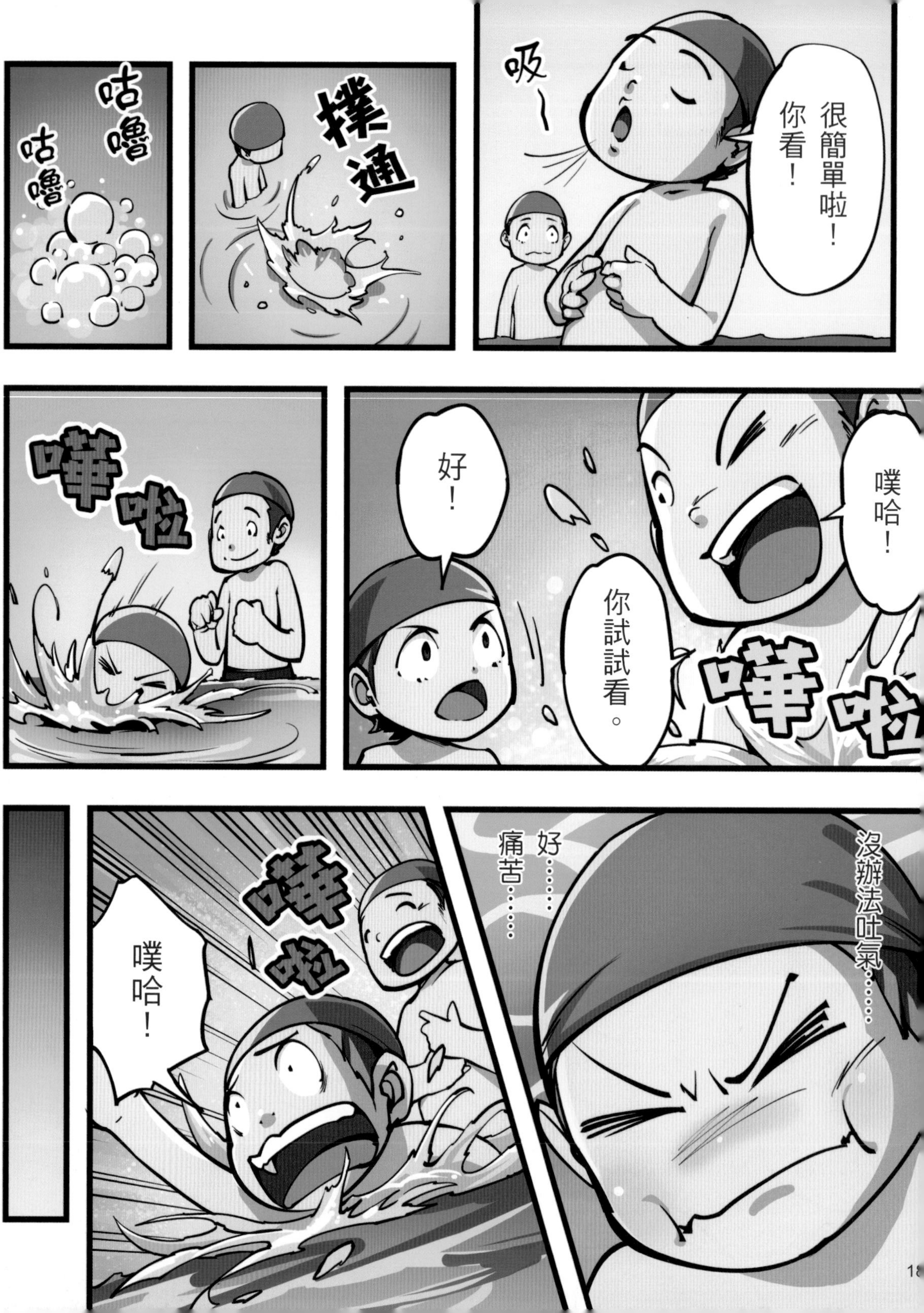
吸～
很簡單啦！
你看！
撲通
咕嚕
咕嚕
咕嚕
咕嚕
噗哈！
你試試看。
好！
嘩啦
嘩啦
沒辦法吐氣……
好……
痛苦……
嘩啦
噗哈！

原來發生過這種事。
對啊！
你很怕水灌進嘴巴裡嗎？
你有試過在水裡說出自己的名字嗎？
我的名字？
對啊！我也是這樣開始練習的。
呼～哈
原
田
河
咕嚕
咕嚕
咕嚕
好難受……
很難受吧？
你既然知道，就該先警告我啊！
嘩啦
但，水並沒有灌進嘴巴裡吧？
啊！這麼說來……

張著嘴水也不會灌進來，對吧？來，再試一次！
好！
成功了！
呼－
哈－
是吧？
接著不要用嘴巴，練習用鼻子吐氣。
嗯？
航平，去學游泳吧！
就去梨花上的那間游泳教室。
什麼？
別擔心！遇到問題，媽媽會教你的。
愣

第1章

在水中就用鼻子吐氣吧！先來熟悉水中的世界。

在水中用鼻子吐氣

拿起放在泳池底部的物品

試著挑戰這些項目！

腹部貼在泳池底部

在水中猜拳

水底對大家來說，是個陌生的世界。進入水中，誰都會感到緊張，即使是在本書中指導大家游泳技巧的森教練，從前的他也和我們一樣，對未知的水中世界感到害怕。

會有「泳池好可怕」這樣的念頭，是因為「不知道該怎麼在水中呼吸」。所以先來練習在水中游泳時，吐氣與吸氣的方式。

游泳時，最基本的就是「用鼻子吐氣，用嘴巴吸氣」。只要學會這個呼吸技巧，就能熟悉水中世界，享受在水中自在游泳的樂趣。

試試看用下一頁的「水中跳躍」，來練習「先吐氣再吸氣」吧！

在水中用鼻子咕嚕咕嚕的吐氣，跳起來後，從嘴巴吐氣再吸氣。

試著做水中跳躍

❶

❷

❸

這是重點！

從水裡探出頭時，大聲的喊出「哈」，水就不會跑進嘴巴裡。

練好這個動作後

就能掌握在水中吐氣，探出頭再吸氣的感覺。潛入水中前，先吸一大口氣，記得「用嘴巴吸氣、用鼻子吐氣」喔！

方法

① 站在泳池中，用嘴巴吸氣。【照片❶】

② 潛入水中，閉起嘴巴，用鼻子咕嚕咕嚕的吐氣。【照片❷】

③ 跳出水面，鼻子、嘴巴依序吐氣，再用嘴巴吸氣。【照片❸】

④ 重複②③兩～三次。

無法在水中睜開眼睛的人，可以閉著眼睛做練習。

這樣不行！

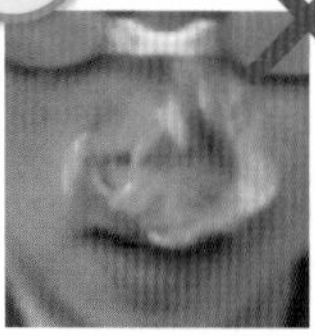

不要在水中用嘴巴吐氣，這樣會無法學會正確的換氣方式。

練習睜開眼睛，在水中吐氣

潛入水中，拿起放在泳池底部的物品。

練好這個動作後

比起「做水中跳躍練習」時，你會更加熟悉「如何在水中用鼻子吐氣」，感受到在水中活動時，變得更加有趣的身體。

來尋寶吧！

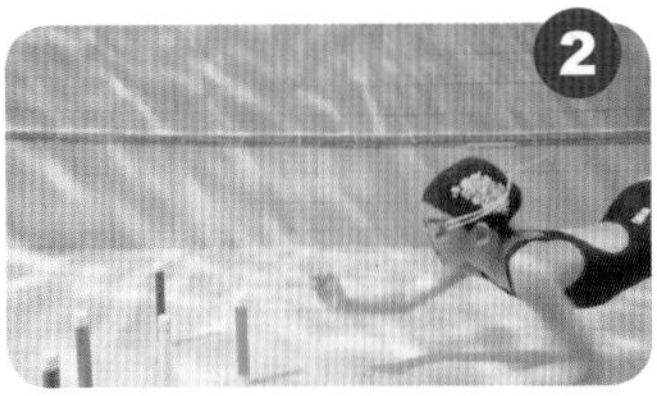

這是重點！
潛入水中時要用鼻子吐氣，直到覺得「已經到極限了」為止。

方法

① 用嘴巴深吸一口氣。【照片❶】

② 潛入水中，並用鼻子吐氣。【照片❷】

③ 拿起放在泳池底部的物品。【照片❸】

④ 跳出水面後，做右方頁面【照片❸】的動作。

這個練習的目的，是要學著澈底潛入水中，並用鼻子吐氣。只要嘗試過，就會知道「不用鼻子吐氣，就沒辦法讓身體往下沉」。記得要用「鼻子吐氣」喔！

將腹部貼在泳池底部，挑戰抱膝坐。

挑戰沉到泳池底部

將腹部貼在泳池底部

這是重點!

身體放鬆，鼻子不停的把氣吐乾淨，同時將身體沉到泳池底部。

抱膝坐

上方往下看

練好這個動作後

代表已經學會用鼻子把氣吐乾淨，覺得「水好可怕」的感受也會慢慢淡去。在身體感到難受之前，就要浮出水面唷！

方法

① 嘴巴吸一大口氣後，潛入水中。一邊用鼻子吐氣，一邊試著將腹部貼在泳池底部。【照片❶】

② 與①相同，一邊用鼻子吐氣，一邊潛入水中，在泳池底部抱膝而坐。【照片❷】

如果沒有把氣吐乾淨，就沒辦法將腹部貼到泳池底部，也無法抱膝而坐。重點在於身體要放鬆，而且要用鼻子把氣吐乾淨。

學會用鼻子完整吐氣後，就能保持②的姿勢，進一步將掌心貼在泳池底部。

挑戰水中猜拳

練習在水中睜開眼睛

喊完「一、二」後，潛入水中，在水裡看清楚對方出什麼拳。

練好這個動作後

一開始先戴著泳鏡，之後再嘗試拿掉泳鏡做練習，你肯定會發現，自己已經可以在水中睜開眼睛了。

方法

①喊完「一、二」後，兩人一起潛入水中。

②在水中猜拳，試著看清楚對方出什麼拳。【照片❶】

盡可能在泳池最深的地方猜拳。

一開始先一拳定勝負，練到能夠在水中長時間憋氣後，就能進展到每次潛下水，可以猜拳兩至三次。

在水中玩瞪眼遊戲也很好玩喔！

請幫我解答
森教練

Question Q

在水中睜開眼睛好難。要怎麼做才能在水中睜開眼睛呢？

在水中睜開眼睛的方法

① 在浴缸裡練習

會害怕的話，可以先和家人一起練習。

② 戴著泳鏡觀察泳池

只要了解水中的狀況，恐懼也會減輕。

MANGA SWIMMING PRIMER

先在家中的浴缸做練習吧！把臉埋入浴缸的水裡，抬起頭時，發出「哈」一聲吐氣。如果還是感到害怕，試試看把臉埋入裝了水的臉盆裡練習，也可以試著將臉朝向蓮蓬頭灑下的水，發出「哈」一聲再吐氣。

如果能做到上述動作，再試著戴上泳鏡，觀察泳池。熟悉水中世界後，就算不戴泳鏡，也能在水裡睜開眼睛。

Answer A

先練習在浴缸或臉盆的水中睜開眼睛。再試著戴上泳鏡，觀察泳池吧！

請幫我解答 森教練

Question Q

在「水中跳躍」的練習中，當我從水裡探出頭時，無法順利吸氣。

用鼻子吐氣的方法

① 在泳池外

先用嘴巴吸氣，再用鼻子吐出的氣吹動衛生紙。

② 在泳池中

①將鼻子埋入水中，咕嚕咕嚕的吐氣。

②探出水面後，發出「哈」一聲，然後再吸氣。

這是因為你還沒有完全把氣吐乾淨。放心，很多人都做不到這一點。

當你還不習慣潛入水中時，試著用上方的練習，掌握「用鼻子吐氣的感覺」吧！

從鼻子吐氣時，嘴巴裡不可以留著空氣。練習時，也可以看著鏡子，檢查自己的臉頰有沒有鼓起來。多做幾次，就能掌握要領。

Answer A

為了在吸氣時能吸進一大口氣，重點就在於把氣吐乾淨。多練習幾次吧！

在家裡也能做

這就是第19頁的練習。大人陪同時，不要壓小朋友的頭，或是用其他方式強迫小朋友低頭。

在水中用嘴巴吐氣

練習

MANGA **SWIMMING** PRIMER

將臉埋入浴缸的水中，在水中大聲說出自己的名字。

① 把臉埋入浴缸的水中

也可以戴上泳鏡。

② 大聲說出自己的名字

提醒自己用嘴巴把氣吐乾淨。
也可以用舌頭抵住喉嚨。

③ 將頭抬出水面吸氣

發出「哈」一聲，然後吸氣。
重複①②，就能掌握「水中吐氣、抬頭吸氣」的感覺。

游泳的基礎在於「在水中用鼻子吐氣，臉探出水面時用嘴巴吸氣」。為了學會這項技巧，讓我們搭配左頁一起做以下的練習吧！首先，將臉埋入浴缸的水中，大喊自己的名字；接著，將頭抬出水面，發出「哈」一聲，然後吸氣。大喊時，口中的空氣會跑光光，這樣才方便吸氣。大喊完馬上抬起頭，水就不會灌進嘴巴。

需要著重的是「吐氣」。只要能把氣吐乾淨，吸氣就會變得很簡單。

在家裡也能做

在水中用鼻子吐氣

練習

MANGA **SWIMMING** PRIMER

將臉埋入浴缸的水中，用嘴巴、鼻子吐氣，再說出開心的事。

①
憋氣後
用嘴巴吐氣

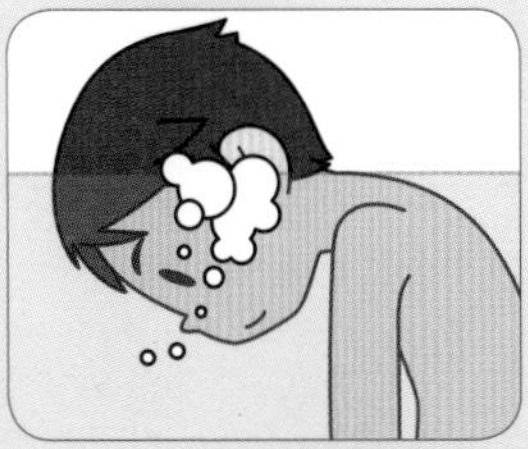

②
用鼻子吐氣

③
說出
開心的事

④
將頭抬出
水面吸氣

當你可以在浴缸的水中大聲說出名字後，接著就做上方的練習，也就是練習用鼻子吐氣。剛開始練習時，可以捏著鼻子做①的動作，步驟③時說什麼都可以。步驟①②③都做完後，口中的空氣也會吐乾淨，自然就會想吸氣，這時候抬頭探出水面，發出「哈」一聲，再用嘴巴吸氣（④）。

請幫我解答 森教練

Question Q

下水游泳前和離開泳池後，該做些什麼呢？

游泳前該做的動作

手臂前後 左右繞圈

這樣可以放鬆肩膀。

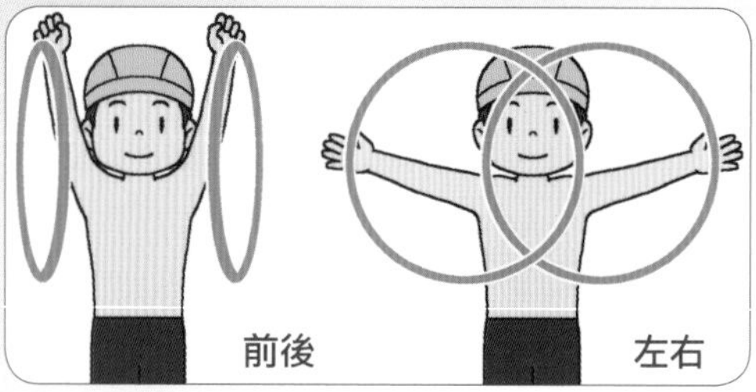

單腳往 前後左右踢

這樣可以讓腳更靈活。

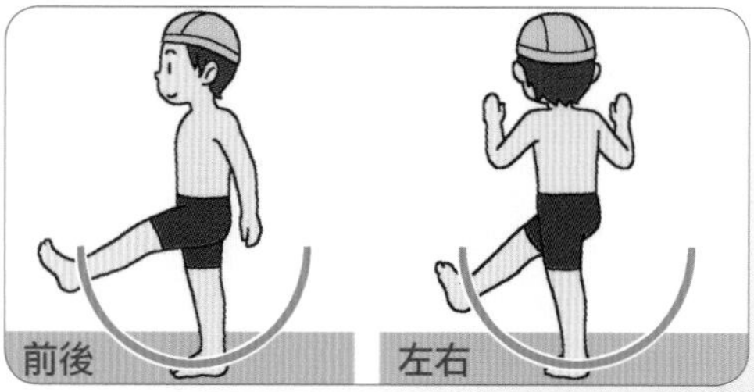

除此之外……

也要試著做「扭轉身體」、「伸展小腿」、「屈膝再伸直」、「腳伸直大幅跨步」等動作。

下水游泳前該做的事：

①上廁所。

②活動身體：運用上圖的運動來活動關節、伸展肌肉，讓身體暖和，才不容易受傷。

③沖水。

離開泳池後該做的事：

④做伸展操：伸展大肌群（肩部、腿、臀部、胸部和背部等）。

⑤沖水。

Answer A

下水游泳前，先做體操讓身體暖和後再沖水；離開泳池後，先做伸展操放鬆肌肉再沖洗身體。

水是好朋友！
第2章
體驗用大字形漂浮在水面
和「水」當朋友？
城北游泳教室
好久沒來這裡了。
航平，到嘍！
真的沒問題嗎？
這什麼啊？
放眼世界

櫃檯
你好，我姓河原田。
報名游泳的手續是……
待會見。
你們盡情去游泳吧！
吵雜
吵雜
我會在那裡看著你們游。
等一下我先教你下水前要做的事。
嗯。

首先，先上廁所。
就是這裡。
更衣室
接著，換上泳裝。
拿去。
泳帽是黃色的。
下水前要做暖身操，開始——
一
二
沖水區
唰——
沖沖身體。
好，我們去泳池吧！

哇！
嘩啦
嘩啦
他的年紀比我小，卻游得這麼好。
噠
你就是航平嗎？
你好！
田所教練

唰
啊！是剛剛海報上的那個人，好帥喔！
外表而已。
什麼意思？
你以後就會知道了。加油吧！
啊？姊姊。
呆

航平，你知道怎麼在水中吐氣嗎？
知道。
真的嗎？
轉
轉
轉
好。
撲向——
我的懷裡吧！
嘩啦
來吧！
老毛病又犯了。
我……做不到。
真拿你沒辦法。

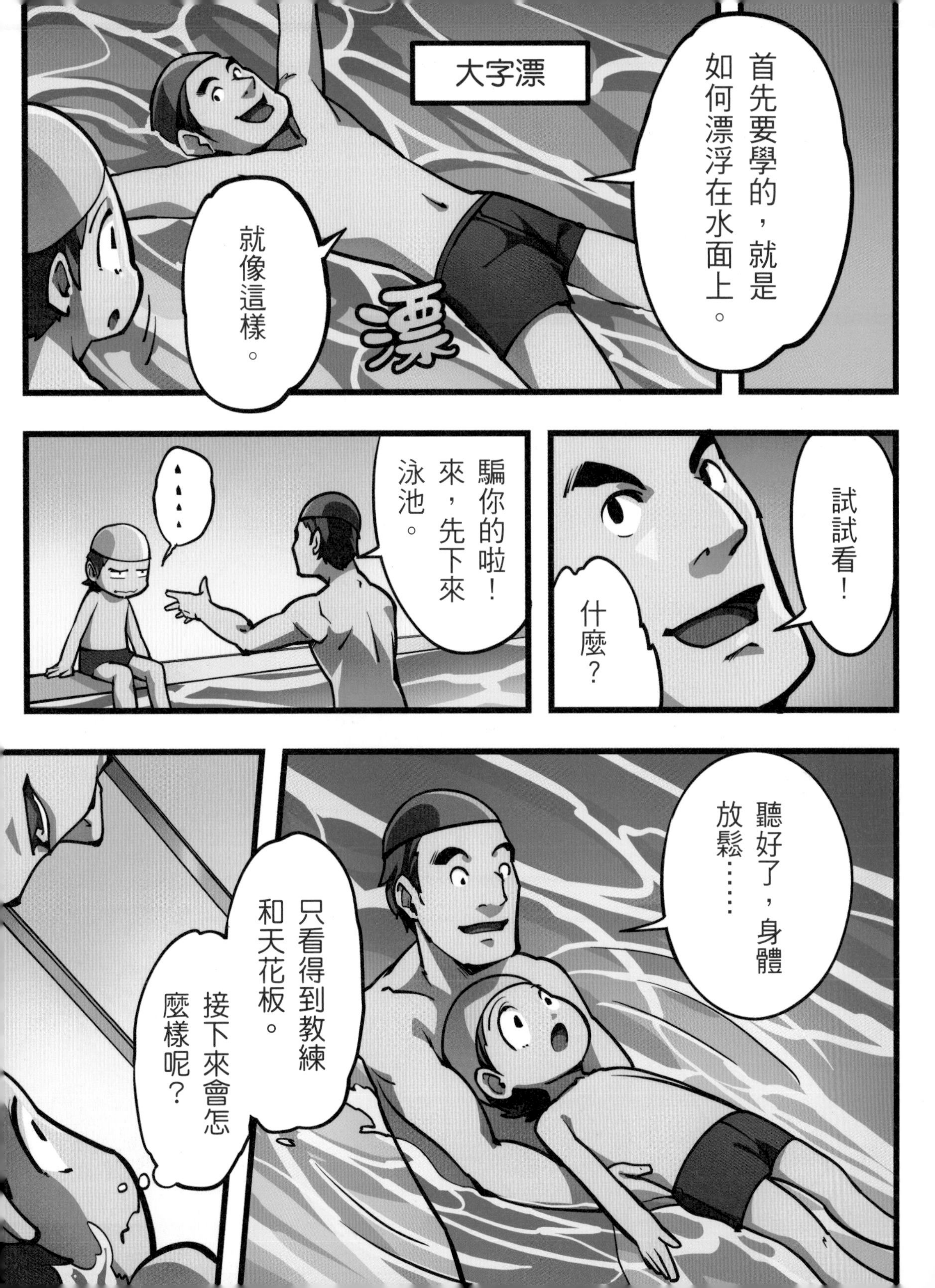
首先要學的，就是如何漂浮在水面上。
大字漂
就像這樣。
漂
試試看！
什麼？
騙你的啦！來，先下來泳池。
……
聽好了，身體放鬆……
只看得到教練和天花板。
接下來會怎麼樣呢？

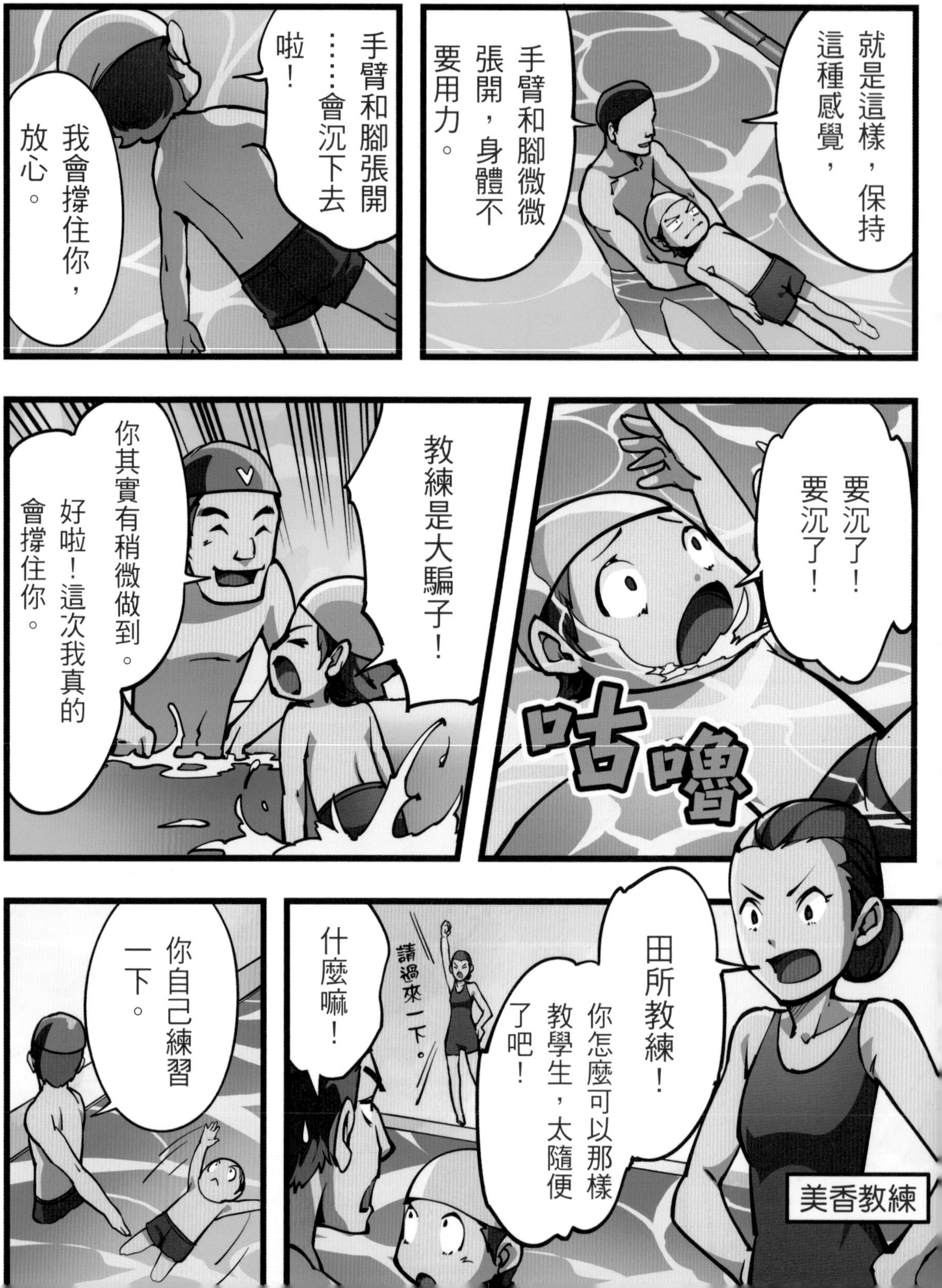
就是這樣，保持這種感覺，
手臂和腳微微張開，身體不要用力。
手臂和腳張開……會沉下去啦！
我會撐住你，放心。
要沉了！要沉了！
咕嚕
教練是大騙子！
你其實有稍微做到。
好啦！這次我真的會撐住你。
田所教練！
你怎麼可以那樣教學生，太隨便了吧！
美香教練
請過來一下。
什麼嘛！
你自己練習一下。

嘩啦
怎麼樣都做不好……
咕嚕
咕嚕
哇！好漂亮的動作。
唰
你為什麼能浮在水面上？
因為我會和「水」當朋友。
水中的世界，不是很舒服嗎？
櫻田早紀（小四）

就像躺在雲上吧？
身體放鬆很舒服喔！
早紀，你又在摸魚了！
嘩
糟糕。
再見嘍！
為什麼是仰式？
嘩啦
躺在雲上的感覺嗎？
身體不要用力……
輕飄飄
就是那樣。你已經學會了嘛！
都是因為我教得好！
剛才那個姊姊是誰呢？
和水當朋友。

第2章

掌握讓身體浮在水面上的要領，一起來感受那份樂趣。

臉部朝上做大字漂

試著挑戰這些項目！

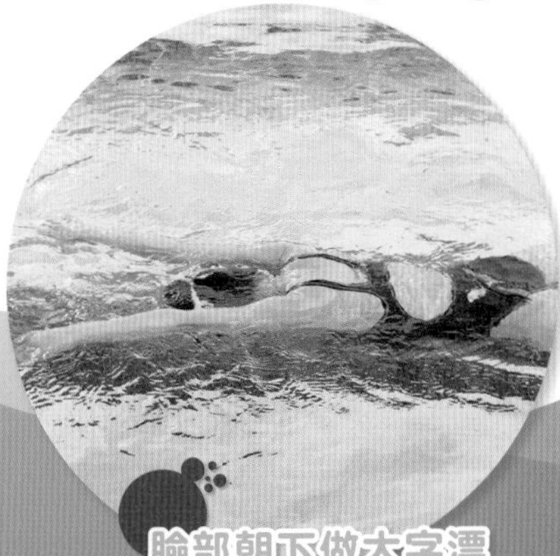

臉部朝下做大字漂

屈起身體漂浮

學會在水中吐氣後，接著來練習讓身體浮在水面上。

讓身體浮在水面上的重點，就在於「把臉埋進水中前，先深吸一口氣」和「放鬆身體」。

基本上，當我們的身體吸飽空氣時，就會像充了氣的氣球一樣，漂在水面上，身體放鬆不要用力，更能順利的浮在水面。

接下來介紹三種練習，剛開始做這些練習時，記得先請大人幫忙撐住你的身體。

不用將臉埋入水中，試試看呈大字形的仰漂吧！

挑戰臉部朝上做大字漂

初學者可以先在腰部綁上助浮器（幫助身體浮起來的器具），再開始挑戰。

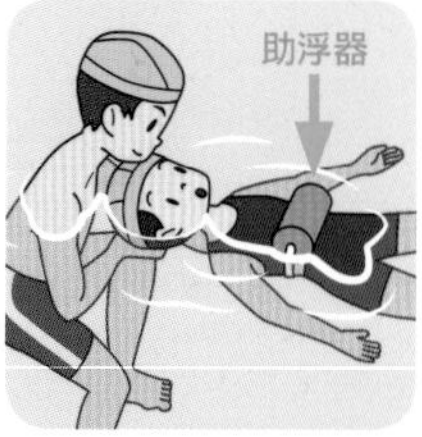

練好這個動作後

就能體會身體浮在水面的樂趣。不敢把臉埋進水中的人，可以在腰部綁上助浮器，體驗漂浮的感覺。

這種臉部朝上也能做的練習，即使是害怕把臉埋進水中的人，應該也敢嘗試。

浮在水面上時，別忘記憋氣。剛開始練習時，要請家人或熟悉游泳的大人幫忙喔！

方法……………

①吸氣後，臉部朝上，身體躺向水面。【照片❶】此時身體放鬆，眼睛看向正上方（天花板）。

輔助者：保持看得到練習者臉部的姿勢，用手支撐住練習者的後腦勺和腰部，讓練習者的身體能夠浮起來。

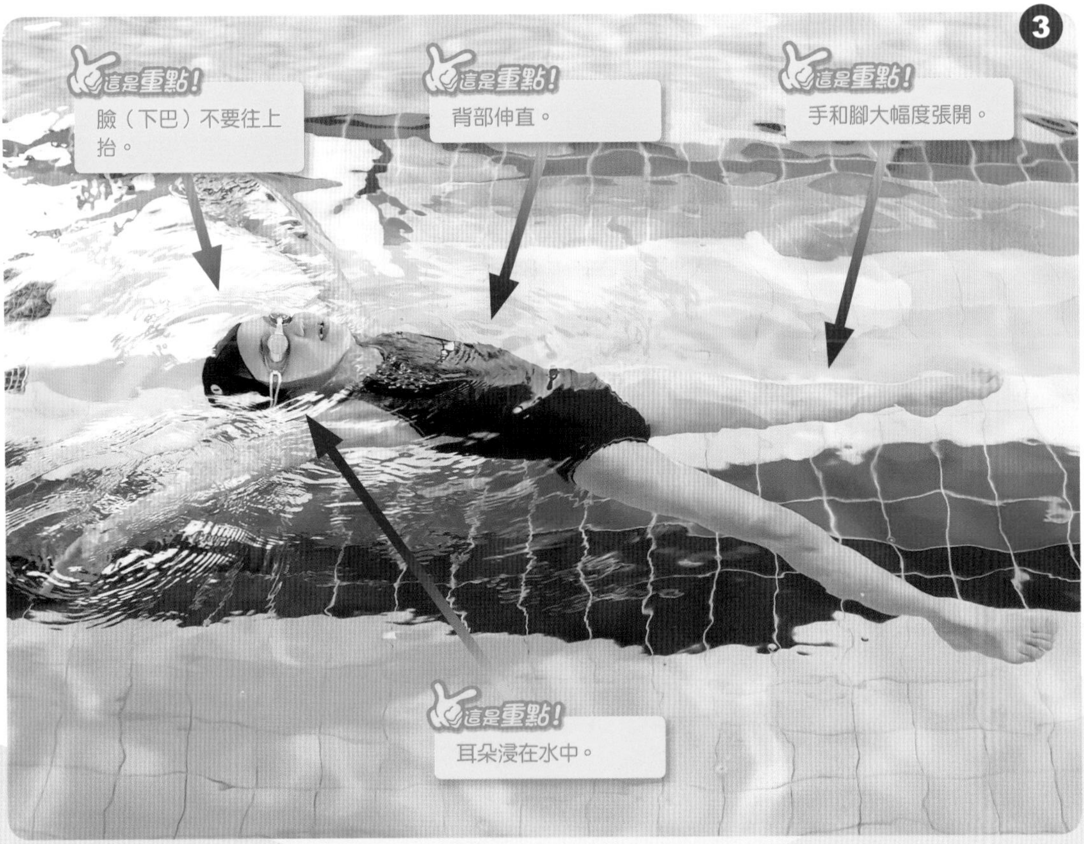
3
這是重點!
臉（下巴）不要往上抬。
這是重點!
背部伸直。
這是重點!
手和腳大幅度張開。
這是重點!
耳朵浸在水中。

② 輔助者：慢慢放開支撐練習者身體的手。【照片❷】

③ 保持身體放鬆，手和腳大幅度張開。【照片❸】

④ 如果能持續漂浮10秒鐘，腳都沒有下沉，就接著練習第44頁「臉部朝下的大字漂」。

順利漂浮的要領在於身體放鬆，手、腳和身體都不要用力。

手、腳、身體放鬆的同時，再提醒自己上述四點，就能順利的漂浮在水面上。一起試試看吧！

這樣不行!

如果手和腳沒有張開，身體就會往下沉。

挑戰看著泳池底部做大字漂。

練好這個動作後

就能感受身體浮在水面的樂趣，同時也不會再害怕在水中憋氣。如果憋到沒氣，就試著雙腳踩地站起。

和第42～43頁的「仰漂」一樣，剛開始練習時，一定要請家人或熟悉游泳的大人從旁協助。

在水中記得要憋氣。

方法

① 請輔助者握住自己的雙手。吸氣並憋氣後，身體完全放鬆，趴向水面。

② 輔助者：協助練習者將兩手張開。手肘與膝蓋打直，身體不要用力。【照片❶】

③ 輔助者：慢慢放開握住練習者的手。【照片❷】

挑戰臉部朝下做大字漂

❶

❷

初學者剛開始可以先在腰部綁上助浮器，再開始挑戰。

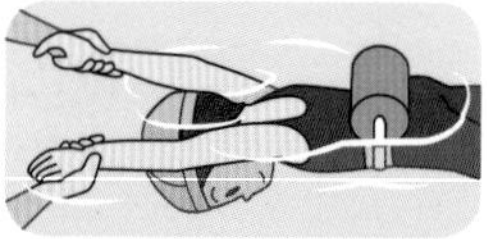

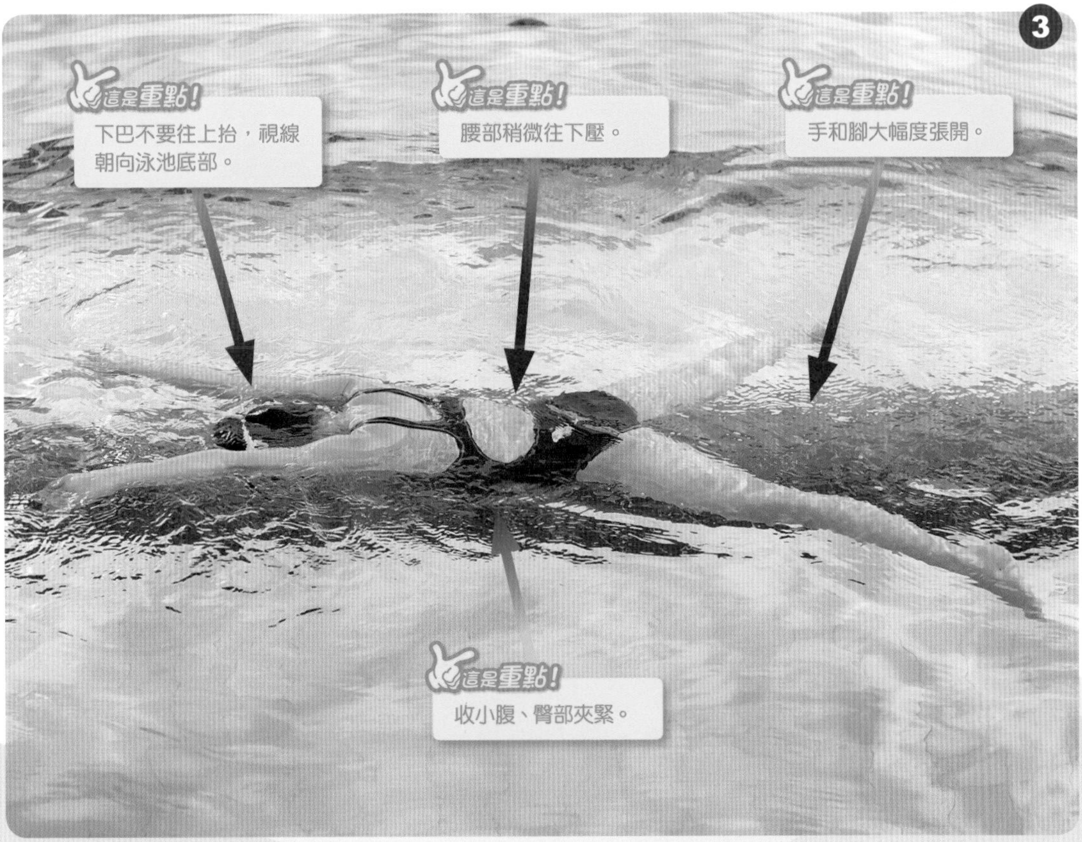
3
這是重點！
下巴不要往上抬，視線朝向泳池底部。
這是重點！
腰部稍微往下壓。
這是重點！
手和腳大幅度張開。
這是重點！
收小腹、臀部夾緊。

④身體放鬆，保持憋氣，手腳大幅度張開。【照片❸】

⑤目標是不讓腳跟往下沉，保持這個狀態漂浮10秒鐘。

練習時，別忘了隨時提醒自己上述重點。和「仰漂」相反，漂浮時要在水中將腰部稍微往下壓，這樣才能順利漂浮。

熟練之後，就試著在漂浮時，用鼻子慢慢吐氣吧！

當腳快要沉下去時，輔助者可以幫忙把練習者的手稍微往下壓。
HAKUYO

挑戰抱膝，以「水母的姿勢」漂浮。

練好這個動作後

就能掌握自由式、蛙式等游泳姿勢一定會用到的「漂浮要領」。

方法

① 深吸一口氣後憋氣，接著上半身向前浸入水中。【照片❶】

② 臉埋入水中，雙腳自然離開泳池底部。

③ 手臂抱住雙膝，收下巴，屈起身體。

④ 身體放鬆後，背部朝上浮起來。【照片❷】

收下巴，眼睛看向自己的肚臍，自然就會用漂亮的姿勢浮起來。

身體如果用力，就很難順利漂浮，所以在深深吸氣後，記得要放鬆身體。

挑戰水母漂

這是重點！

用鼻子吐氣要慢慢來，以免收下巴時，水灌進鼻子裡。

1

2

請幫我解答
森教練

Question Q

我一直無法用「大字漂」浮在水中。有什麼幫助漂浮的要領嗎？

Answer A

漂浮前先深深吸入一大口氣，身體不要用力，讓水托住你的身體。

順利漂浮在水中的方法

① 漂浮前深吸一口氣

吸入的空氣會扮演著浮具的功能。

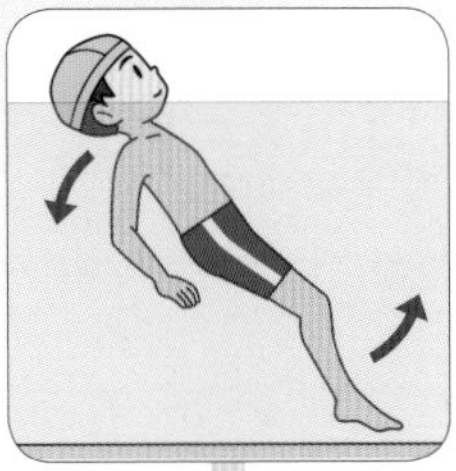

② 從後腦勺開始躺入水中

開始憋氣，望向天花板後往後躺。

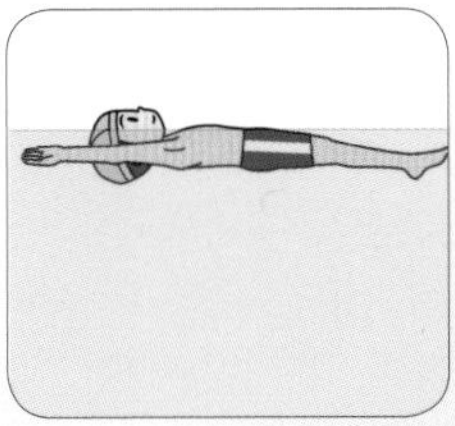

③ 耳朵也要浸入水中

手腳張開，等待身體不再搖晃。

要讓身體浮在水中，最重要的就是在漂浮前先深深吸入一大口氣，以及放鬆身體，也就是不要太緊繃，讓水托住你的身體。做「大字漂」時，只要把耳朵一起浸到水中，就可以做得很順利；如果因為怕水而抬起頭，就會做得不順。

如果還是會害怕，請家人幫忙撐住自己的頭部和腰部，再在耳邊對你說一聲「不要怕」，這樣身體就會放鬆，順利漂浮。

在家裡也能做

用手掌撥水

練習

MANGA **SWIMMING** PRIMER

用手掌像是畫8字一樣的繞圈撥水，學著用手去感受水。

在浴缸的水中畫8字，用手掌和手肘來感受水。

① 用手掌像是畫8字一樣繞圈

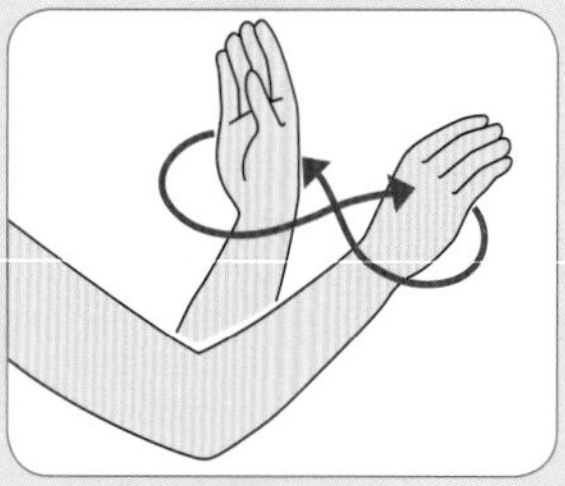

先在浴缸外轉動前臂，畫出橫的8字形。手臂轉動的幅度不用太大。

② 在轉動時感受水的阻力

在浴缸的水中用雙手做出①的繞圈動作，讓手掌與手臂感受水強大的阻力。

在泳池中做這個撥水的動作，就能在漂浮狀態下移動。

只要學會撥水，就能讓身體浮起來。即使在腳踩不到地的泳池或大海中，也不怕溺水。

游泳時，雙手要在水中做出「抓水」、「划水」、「推水」、「抱水」等動作。現在，就先用上方的撥水動作來練習抓水。運用手肘以下轉動，讓手掌和前臂能深刻感受到水流，只要做好這個動作，光靠撥水也能使身體浮起來。之後學習各種游泳姿勢時也一樣，只要運用撥水的感覺掌握抓水的訣竅，就能游得很順利。

第3章 我想學會游泳！

浮在水面打水前進

航平——
一個人練習吧！
水中很舒服喔！
航平也試試看吧！
我做不到！
是夢……
今天又要上游泳課了。
7月
航平，吃飽飯就要去游泳嘍！
好。
噗噗
♪

咦？
泳池
你怎麼可以偷懶不練浮板打水（第62頁）！
哇！
田所教練不是說過，游泳最重要的就是反覆練習基礎！
若林翔太（小四）
因為我不用練！那麼簡單，我早就會了。
這兩個人怎麼回事？
啊！
你就是航平啊？你好。
你好。
田所說的，根本不值得參考。說真的那傢伙……
沒有那回事。

別看他那樣，其實田所教練……
角倉英一（小四）
什麼？
別看他哪樣？
你知道什麼祕密嗎？
轉
你們總有一天會懂的。
那傢伙只不過泳技還不錯就囂張。
早紀……
漂
還是老樣子。
漂
她總是仰漂，仰式才會游得那麼好吧？

大家都到齊了。今天要學仰臥的游泳方式。
為什麼要學仰臥？
仰臥時臉不會埋入水中，這樣就不會害怕，對吧？
來，把助浮器*綁在腰上。
航平，來吧！
別怕，先讓身體躺入水中。
試著在這個狀態下踢水。
要怎麼踢水呢？
現在，你的兩腳先輪流上下踢動。
之後會慢慢教你。
嘩啦
這樣嗎？

游得真好，那是自由式嗎？
嘩啦
嘩啦
一直無法順利前進吔。
咦，太一？
太一，換氣時要想著把肚臍轉向側邊的感覺。
真的是太一！
嘩啦
太一一直在這裡練習……
哈
很簡單啦！你試試看。

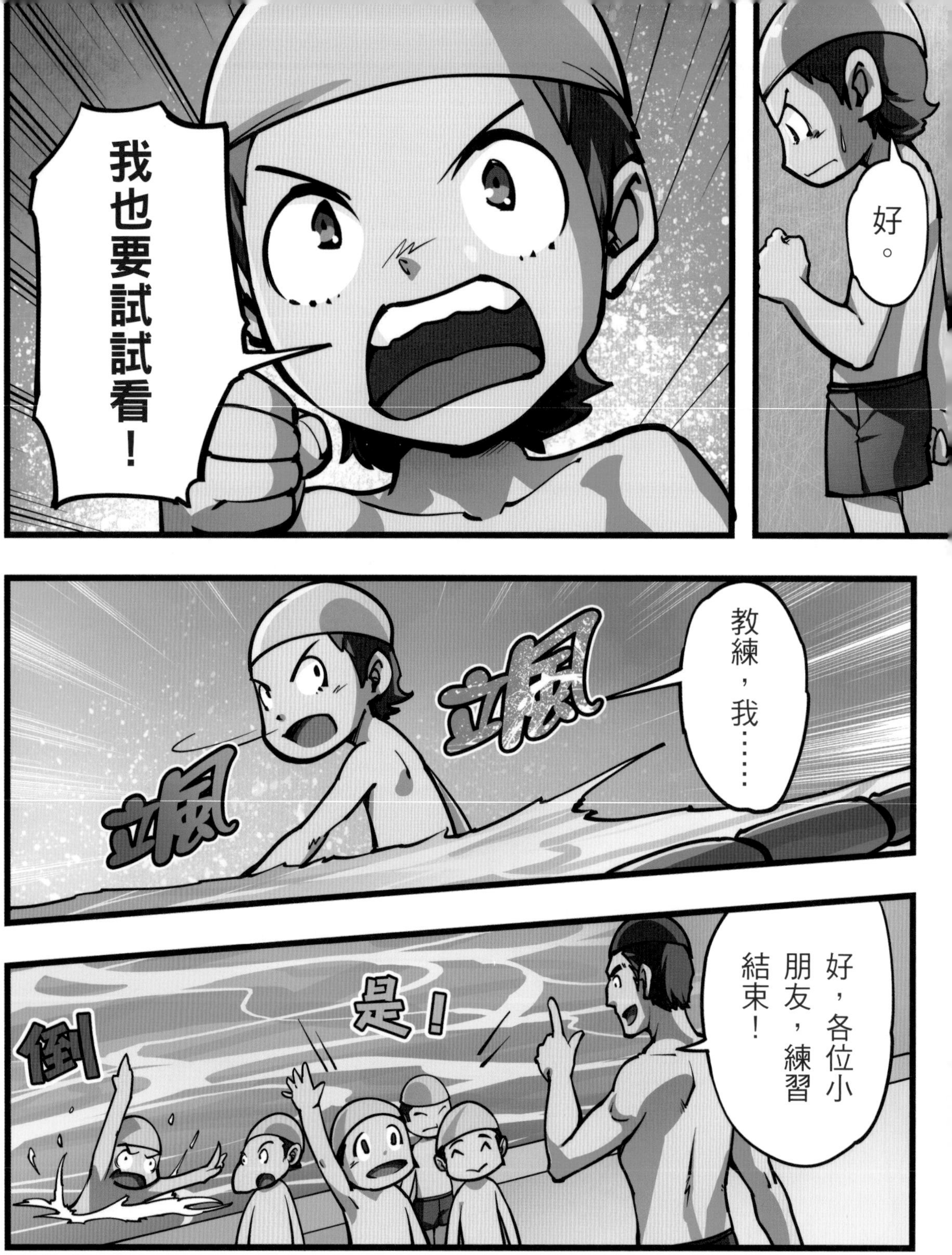
好。
我也要試試看！
教練，我……
颯
颯
好，各位小朋友，練習結束！
是！
倒

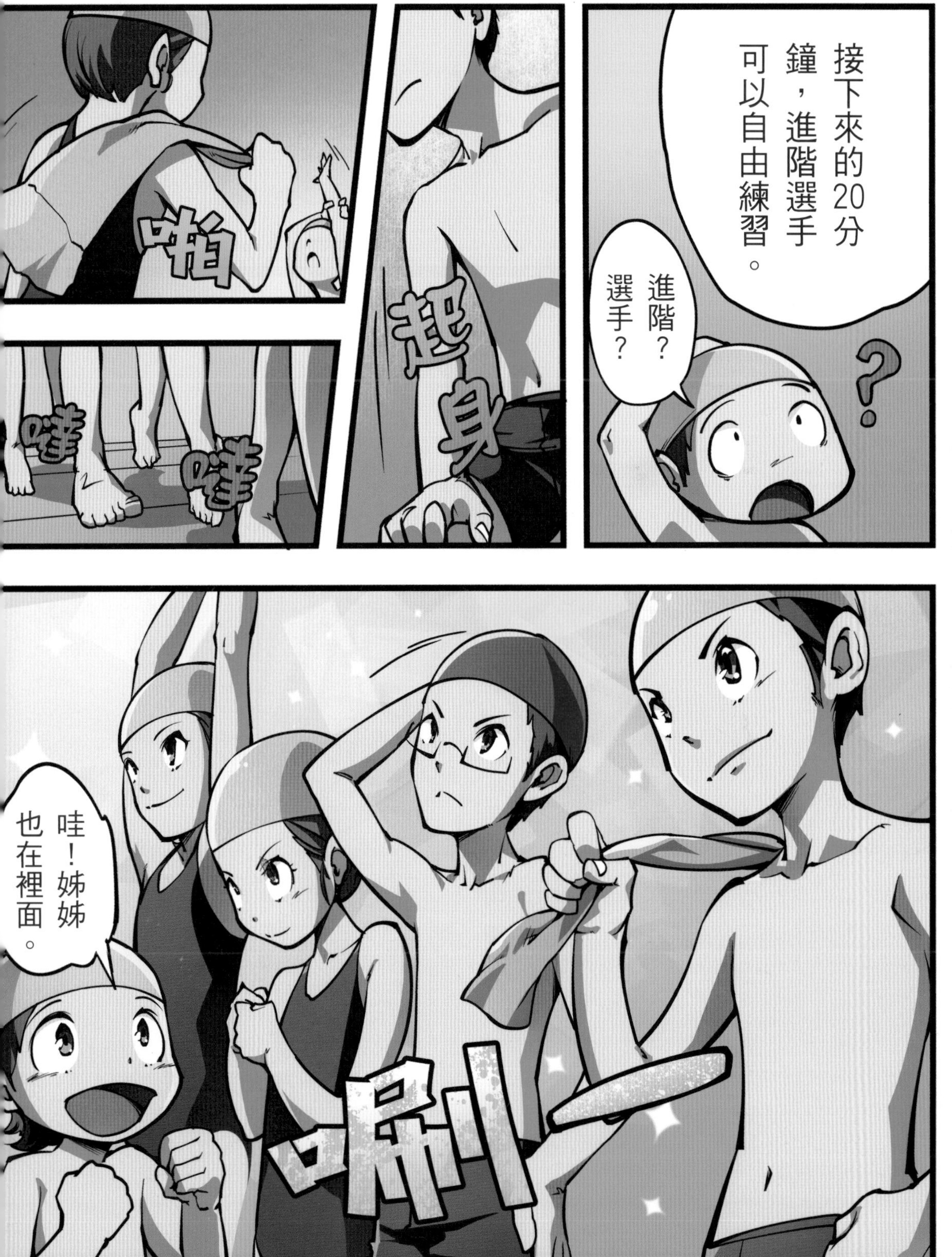
接下來的20分鐘，進階選手可以自由練習。
進階選手？
?
起身
啪
哇
哇
哇！姊姊也在裡面。
刷

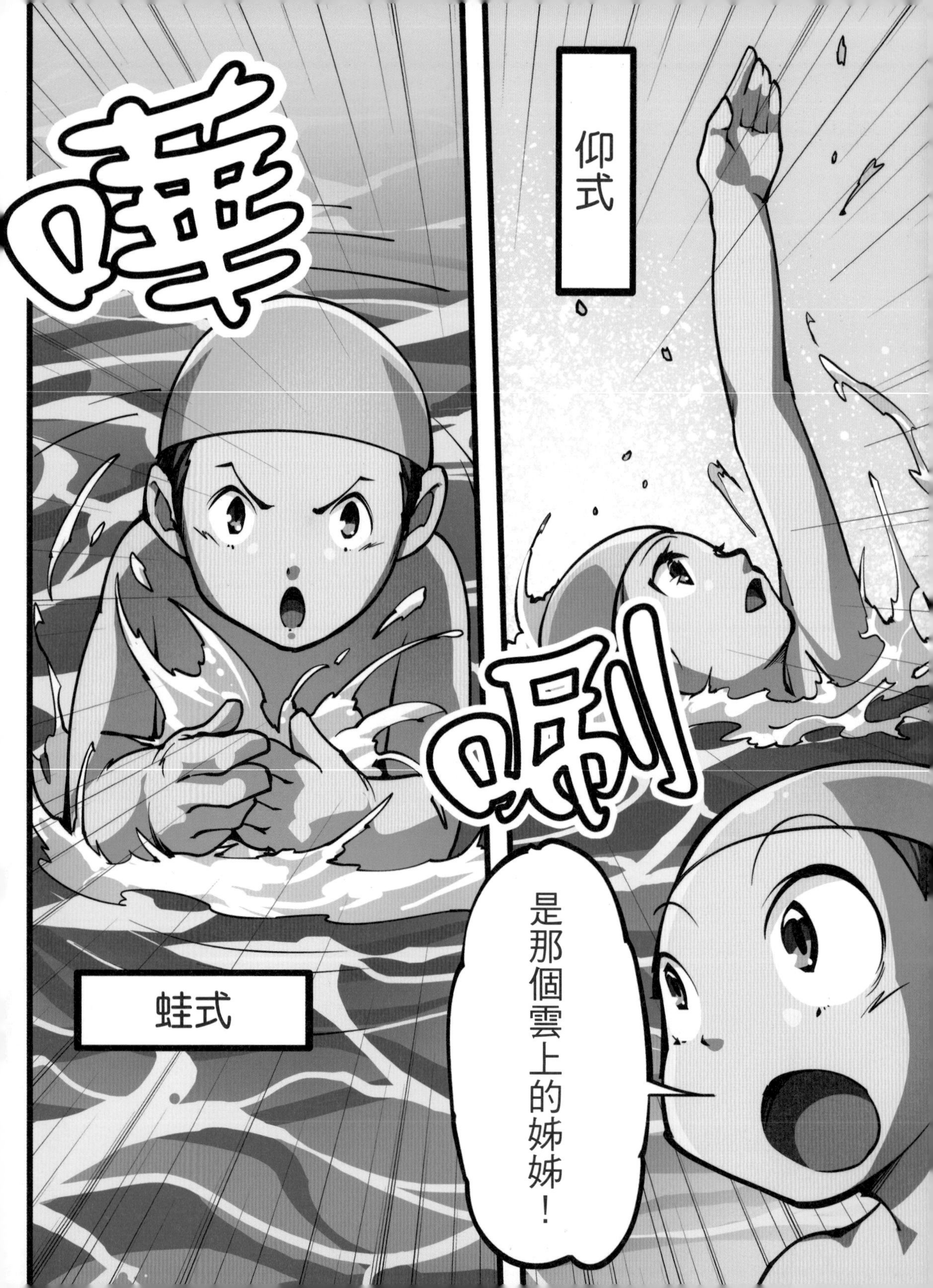
仰式
唰
是那個雲上的姊姊！
嘩
蛙式

嘩
蝶式
自由式
大家都好帥！
唰

只要努力，你也可以游得像他們一樣好。
真的嗎？
前提是要練會我教你的所有東西。
豎起
嗯，我會努力的！
我想游得像大家一樣好。
握拳
我要認真學游泳。
媽媽，我之後要坐公車來游泳教室。
不用你來接送了。
？……
是要我一起游嗎？
當天晚上
航平，你到底要洗多久？
我在練習打水啦！讓我再練習一下。

第3章

活動手腳，感受在水中前進的樂趣吧！

臉部朝上游泳

臉埋入水中游泳

試著挑戰這些項目！

抓著浮板游泳

用狗爬式游泳

接下來，我們來挑戰活動手腳在水中前進。不用擔心，就算不會自由式、蛙式，也有辦法在水中游泳。

一開始，不管是游一公尺或二公尺都無妨，先學著只運用腳的力量，接著再加入手部動作的「狗爬式」，掌握在水中前進的感覺。

如果憋到沒氣，或是感到害怕，就從水中站起來。只要能感受到游泳是一件很快樂的事，那就沒問題了。

挑戰臉部朝上，靠著上下踢腿在水中前進。

練好這個動作後

就能體會游泳的樂趣。害怕把臉埋入水中的人，也能掌握「在水中前進」的感覺。

方法

① 深吸一口氣，在大人或教練的支撐下，臉部朝上漂浮。【照片❶】

② 請幫忙支撐的人慢慢放開雙手。【照片❷】

③ 上下踢腿，試試看在水中前進。【照片❸】

漂浮在水上的期間，眼睛望向正上方的天花板或天空，同時在游泳時試著臉部朝上，挺直背脊。

踢腿時，大約踢到腳尖露出水面的高度，就可以順利前進。

挑戰臉部朝上游泳

這是重點！

不用太在意該怎麼游，練習時只要想辦法游得更遠，慢慢拉長目標距離就可以了。

挑戰將臉和耳朵都埋入水中，打水游泳前進。

練好這個動作後

終於能親身體會「在水中游泳的感覺」了。放鬆心情，享受游泳吧！

挑戰將耳朵埋入水中游泳

這是重點！
耳朵埋入水中（臉朝下方）。

這是重點！
打水時，注意從大腿根部帶動整條腿的感覺。

方法

①深吸一口氣，將臉埋入水中。輔助者：支撐住練習者的身體。【照片❶】如果練習者會怕水，就幫忙支撐頭部和腰部。

②輔助者：放開支撐練習者的手。雙手貼在身體兩側，雙腳打水前進。【照片❷】

學會將耳朵埋入水中游泳，就很接近正確的游泳姿勢。

保持將臉埋入水中的狀態，練習在氣吐完前，盡可能游得更遠。

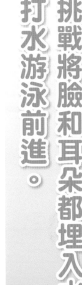

挑戰伸直手臂放在浮板上，努力往前游。

練好這個動作後

就能掌握「在水中游泳前進」的感覺。大幅踢動整條腿，就能在水中迅速前進。

挑戰抓著浮板游泳

方法

● 雙手抓住浮板前端，雙腳打水前進。【照片❶❷】

記得身體不要用力，試著放輕鬆慢慢游。

打水的方式會在「自由式」的解說頁提供扎實的練習。這個階段先不用擔心身體往下沉，享受不斷往前游的樂趣吧！

這樣不行！

小心不要養成只用膝蓋以下打水的壞習慣。

體會游泳前進的樂趣④

用狗爬式划水向前進。

練好這個動作後

就算穿著衣服遇到瀕臨溺水的危機，只要能用狗爬式自救就不用擔心。這屬於臉部露出水面的游法，所以忘掉對水的恐懼，放心練習吧！

所謂的「狗爬式」，就是一邊打水，一邊將左右手輪流伸到前方划水的游泳姿勢（第84頁），英文是「Dog Paddle」，「Dog」指的是狗，而「Paddle」是划水的意思。

游泳時，不要忘了用腳掌把水托起來的感覺喔！

挑戰用狗爬式游泳

1
水中看起來的樣子

2
這是重點！
肚子要用力，游泳時身體要伸直。

方法

① 左手在前，右手划水至大約胸口的位置。【照片❶】
② 右手在前，左手划水至大約胸口的位置。【照片❷】
③ 重複動作①②。

請幫我解答 森教練

Question

用了浮板，腳還是會沉下去，無法往前進，該怎麼辦才好呢？

游泳時保持漂浮的方法

① 抓住浮板的前端

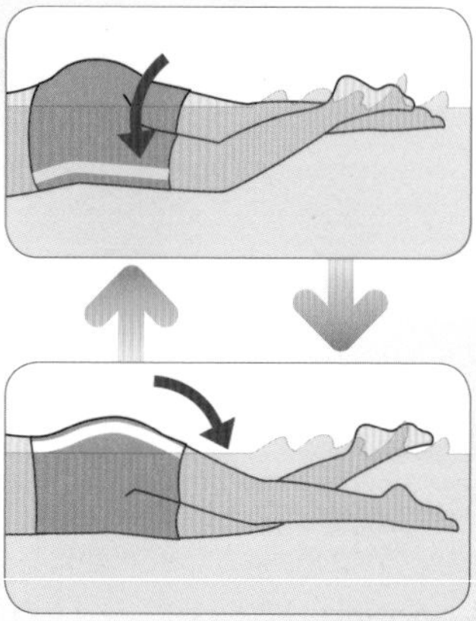

② 臀部隨著腳的動作轉動

MANGA SWIMMING PRIMER

伸直手臂，抓住浮板的前端，手、手臂、肩膀不要用力，輕輕抓住浮板就好。

腳打水時並非「用力踢」，而是一種「用腳掌把水托起來」的感覺，同時臀部也要配合腳的動作稍微轉動。

只要練好這個動作，就能游好自由式。記得反覆練習，直到能夠做到好為止。

Answer A

抓住浮板前端，身體不要用力。按照「用腳掌把水托起來」的感覺打水。

水是好朋友！

第4章 混合接力好厲害

練習自由式的換氣

下個月8月10日的游泳大賽，確定要舉辦混合接力。
什麼？
混合接力？
我先公布隊伍成員。
坂田教練的隊伍……
壯
噫—
吉田教練的隊伍……
飄逸
哇—

田所教練的隊伍……
比
角倉。
梨花。
早紀。
翔太。
還有航平。
我要參加接力？混合接力是什麼？
姊姊，混合接力……
翔太哥哥……
我絕對不要！誰要和翔太同一隊啊！
混合接力到底是什麼？
抖
抖
抖

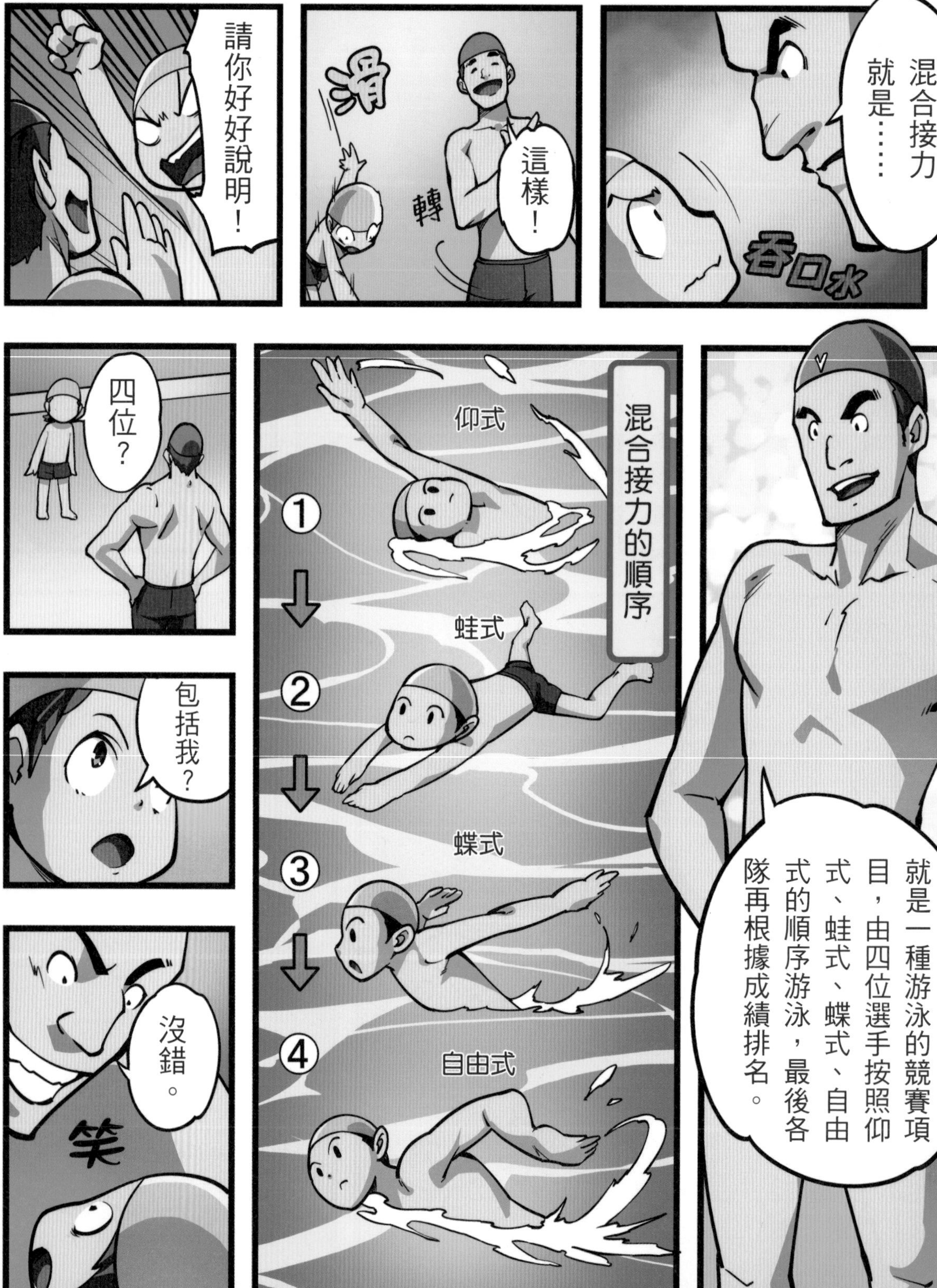
混合接力
就是……
吞口水
這樣！
滑
轉
請你好好說明！
就是一種游泳的競賽項目，由四位選手按照仰式、蛙式、蝶式、自由式的順序游泳，最後各隊再根據成績排名。
混合接力的順序
①
仰式
②
蛙式
③
蝶式
④
自由式
四位？
包括我？
沒錯。
笑

教練，我很擅長蛙式。
翔太，安靜。
我的指導方針，是大家都要完全精通四種游法。
接下來一個月，我會指導大家，直到游好所有泳姿。
可是選手有五個人？
其中一人是替補。
我？
誰負責哪種游法，我會在比賽開始前決定。
放心！搞不好最後一刻，我會給大家來個大驚喜！
在我們這隊，太一要負責自由式，加油！
是，美香教練！
好，開始自由式練習吧！

大家都學會自由式要怎麼打水了嗎？
是！
大家應該不知道自由式要怎麼換氣吧？
不知道！
好有精神……
〈○轉動上半身並換氣〉
〈✕沒有轉動上半身〉
自由式的換氣，就是上半身轉動時視線正對著側面。記住這一點，就能順利換氣。
不是轉向上方，而是側面喔！

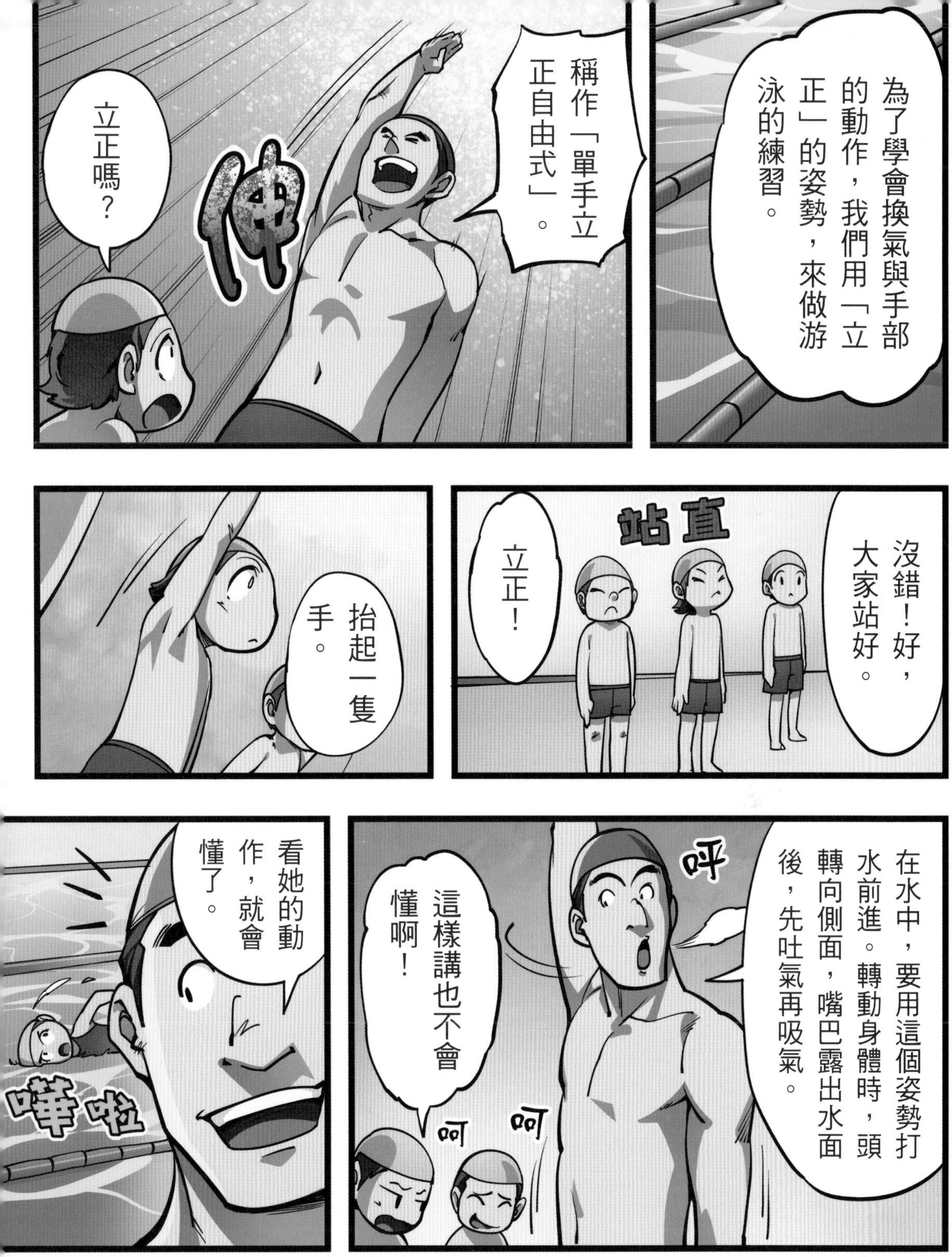
為了學會換氣與手部的動作，我們用「立正」的姿勢，來做游泳的練習。
稱作「單手立正自由式」。
伸
立正嗎？
沒錯！好，大家站好。
站直
立正！
抬起一隻手。
在水中，要用這個姿勢打水前進。轉動身體時，頭轉向側面，嘴巴露出水面後，先吐氣再吸氣。
呼
這樣講也不會懂啊！
呵
呵
看她的動作，就會懂了。
嘩啦

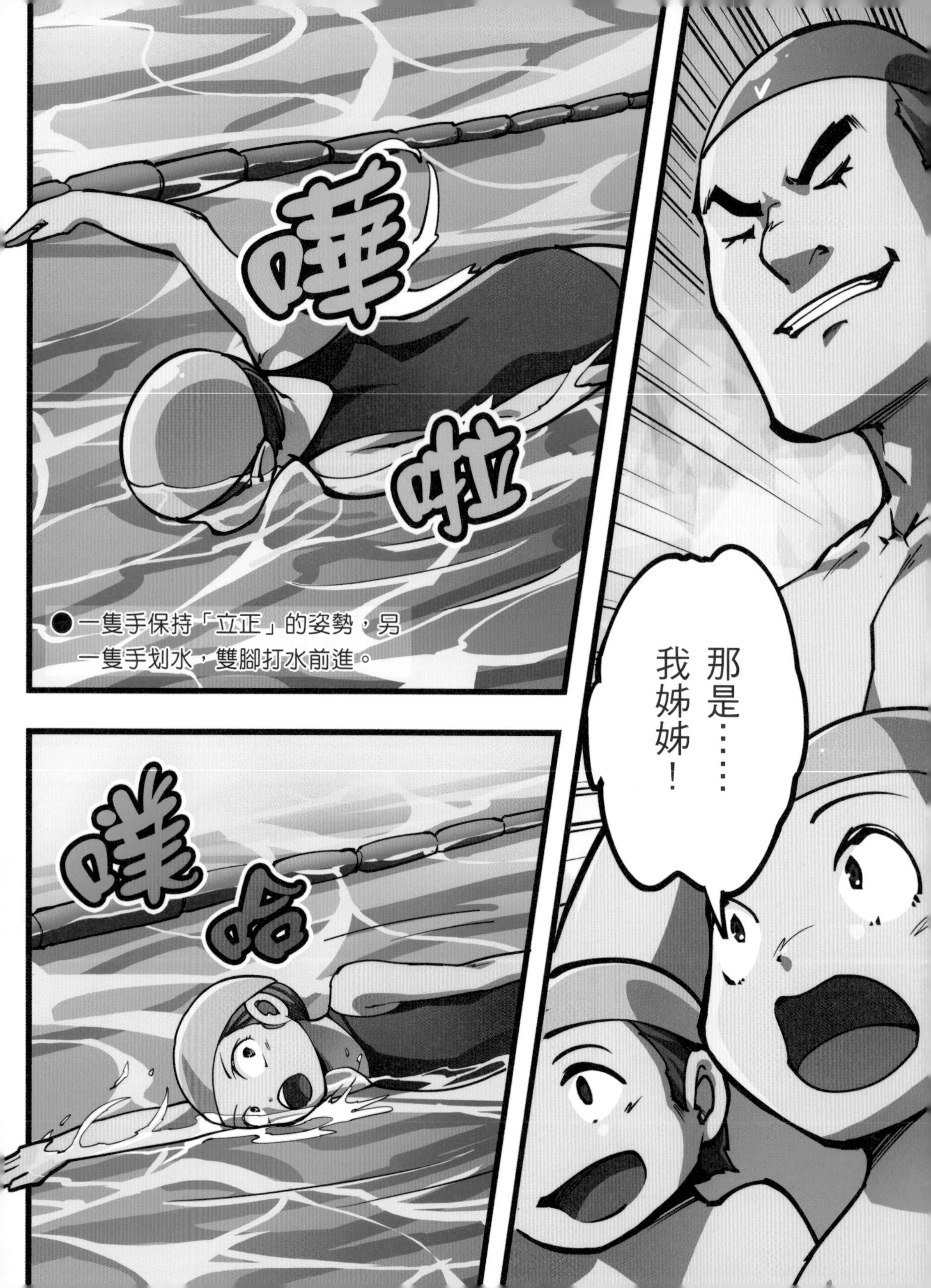
嘩
啦
●一隻手保持「立正」的姿勢，另一隻手划水，雙腳打水前進。
那是……我姊姊！
噗
哈

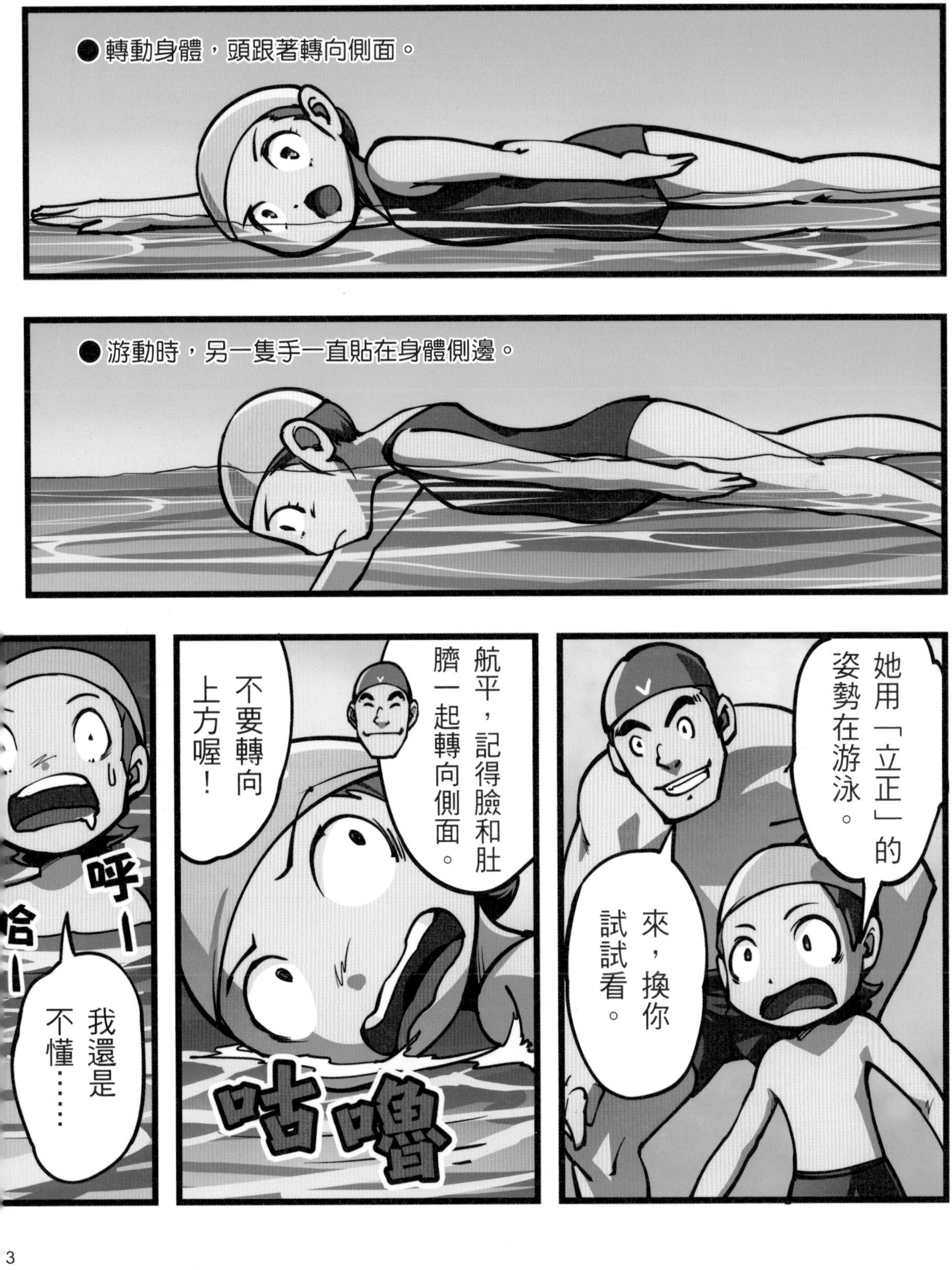
●轉動身體，頭跟著轉向側面。
●游動時，另一隻手一直貼在身體側邊。
她用「立正」的姿勢在游泳。
來，換你試試看。
航平，記得臉和肚臍一起轉向側面。
不要轉向上方喔！
咕嚕
呼ー
哈ー
我還是不懂……

航平。
啊，太一！
把肚臍轉向側面時，想著要看水道繩，臉就會轉過去，自然就能換氣了。
想著要看水道繩？
轉
像這樣嗎？
嗯。
這樣。
做到了！
嘩啦
這樣，就能呼吸了。
做到了！
嘩啦
我一點都不想和翔太同一隊！
這支隊伍會有什麼命運呢？
我很想嗎？

第4章

掌握自由式的腿部與手部動作，以及換氣的要領吧！

坐姿打水

兩手併攏練習打水

試著挑戰這些項目！

陸地練習手部動作

挑戰單手自由式

速度最快的游泳姿勢就是自由式。自由式的基礎就是打水、手部動作和換氣。打水的要領，在於腳在踢水時要甩動整條腿；手部動作是用手掌壓水，將水往後推；換氣則是要在肚臍轉向側面時進行。

下一頁開始，會依序說明這些動作。大家要在練習中修正自己的壞習慣，同時掌握各項動作的要領，學會漂亮的自由式。

踢水時要甩動整條腿，檢查有沒有做到打水的要領。

練好這個動作後

就能將自己親眼確認過的打水動作，活用在接下來的練習中。

練習時要看著自己的腿，檢查有沒有做到上方提到的重點。

方法

①坐在泳池邊緣前端，手放在身體兩側。【照片❶】

②膝蓋和腳踝都要伸直，兩腿輪流往上踢。【照片❶❷】

踢水時，要像甩動長鞭一樣擺動整條腿，如果膝蓋彎曲，就沒辦法游得好。

踢水時擺動整條腿，並將腳踝伸直，這樣水花就會往斜前方飛濺。試試看吧！

挑戰坐姿打水

這是重點！
❶腳踝伸直。
❷腳背感覺像是托著水。
❸往下踢時膝蓋伸直，往上踢時稍微彎曲。

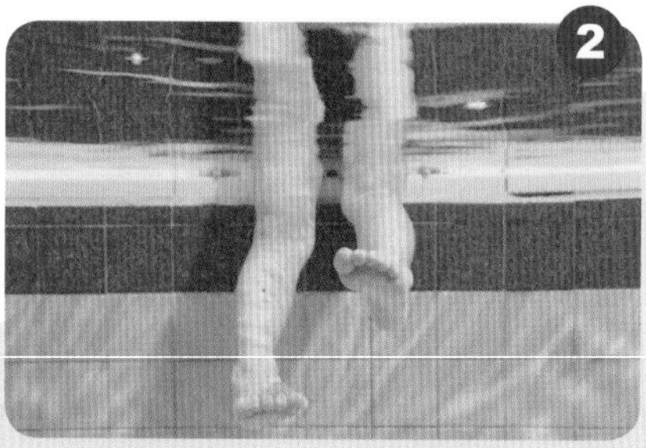

這是重點！
雙腳不要張開。保持兩腳腳趾好像快撞上的距離踢水。

掌握打水要領的練習②

手臂與身體打直，讓身體浮起來並用雙腿打水。

練好這個動作後

就能學會基礎打水。把身體打直，做出坐姿打水的動作吧！

挑戰扶牆打水

這是重點！

踢腿幅度可以參考右圖紅線。

這是重點！

打水時就像右方照片一樣，臀部要稍微轉動，腳踝要保持靈活。

方法

① 雙手扶著泳池邊緣，雙腳保持相同的節奏輪流上下踢。【照片❶❷】下巴露出水面約五十公分，視線望向前方持續打水。

② 習慣動作後，放鬆腳踝、轉動臀部，讓腳踝靈活的踢水。【照片❸❹】

學會這個動作後，嘗試把手放在浮板上打水前進，比起做第62頁的練習時，現在應該變得更加輕鬆了。

手臂伸直，身體也筆直伸展，試著打水前進吧！

練好這個動作後

就能掌握只靠打水游泳前進的感覺，目標是練好「手臂與身體都伸直的漂亮打水姿勢」。

兩手伸直打水游泳前進

❶
這是重點！
手臂在耳後伸直。
這是重點！
打水的位置要貼近水面。

方法

① 身體伸直，臉埋入水中打水前進。【照片❶】

② 在水中時用鼻子吐氣，再正面抬起頭吸氣。換氣時，從正面稍微抬起頭，此時注意盡量不要壓低雙手。

以手臂在耳後伸直的姿勢游泳，身體自然就會筆直伸展開來，很容易就能浮在水上。

身體會沉下去的人，檢查一下自己游泳時膝蓋是不是彎曲了？如果是彎曲的狀態，就要提醒自己將膝蓋打直。

單手保持「立正」的姿勢游泳，掌握換氣的要領。

練好這個動作後

就能掌握自由式換氣的感覺。記得不是只轉動頭，要左右轉動肩膀，學會正確的呼吸方式。

挑戰單手保持立正的姿勢游泳

1

這是重點！
一隻手往前伸，另一隻手貼著身體。

2

這是重點！
肚臍轉向側邊時，同時換氣。

方法

① 一隻手往前伸，另一隻手貼在身體側邊做出「立正」的動作，保持這個姿勢打水游泳。貼在身體側邊的那隻手並不划水。【照片❶】

② 轉動肩膀直到露出水面，嘴巴露出水面後就張口吸氣。【照片❷】

③ 反方向重複同樣的動作。

換氣【照片❷】時，頭轉向側邊看著水道繩，發出「哈」的一聲並吸氣。如果做得不順利，剛開始可以先大幅轉動身體來換氣。

練習自由式的手部動作，掌握「推水」的感覺。

陸地上做手部動作的練習

① 兩手在身體前方併攏

這是重點！

❶ 兩手往前伸並併攏。
❷ 手臂在耳後伸直。
❸ 臉朝向正下方。

② 手掌與手臂壓水，再往內划

這是重點！

❶ 手指輕輕併攏，手掌與手臂壓水，接著手肘彎曲，往身體下方划水。

③ 手掌與手臂推水

這是重點！

❶ 拇指掠過大腿後，將划進來的水往後推。
❷ 掌心朝向後方。

練好這個動作後

手在水中划動時就會派上用場。試著眼睛往上看著鏡子，反覆做這個練習。

4 將水推到遠處

這是重點！
❶手推到遠處後就伸出水面。
❷推水的掌心朝向內側。

5 手臂回到身體前方

這是重點！
❶手臂歸位時轉動肩膀，並將手肘抬高。
❷指尖位置最好低於手肘。

6 以中指入水

這是重點！
❶大約從中指的位置，在頭部前方的水面入水。
❷做出❶的同時，另一隻手臂往後划水。

7 另一隻手也做出③～⑥的動作

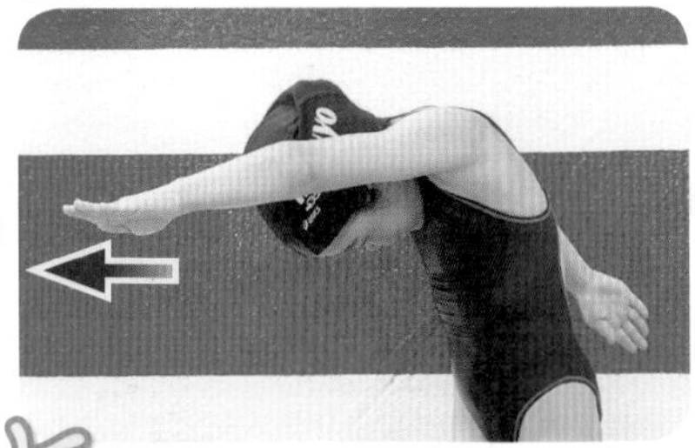

這是重點！
入水的手再更往前推。

下水游泳前，先詳讀上方的照片與說明，在泳池邊做好自由式手部動作的練習。

自由式的手部動作，大致可以分成下列四個步驟：

①手插入水中。
②掌心壓水，往內划水。
③把水推向後方。
④手離開水面，回到前方。

不管是在水中划動手臂還是在陸上練習，第一步都是用掌心「壓」水，接著在腦中想著「抓水」、「划水」、「推水」等步驟，邊想邊做動作。

手需要特別使力，是在③「推水」的步驟。手臂往後划時，要抱著一種用力把水往後推的感覺。

一隻手向前伸，另一隻手划水，練習掌握手部動作與換氣要領。

練好這個動作後

就能學會確實抓水接著推水的手部動作，以及在轉動身體時，同時換氣的要領。

這是一隻手保持往前伸，僅用另一隻手游自由式的練習。

方法

① 划動的手入水的位置，要比伸直的手更往前。【照片❶】

② 掌心抓水，往身體下方划水。【照片❷】在這個時間點，開始將肚臍與臉轉向側面。

③ 轉動身體讓肚臍朝向側面，並在此時換氣。【照片❸】

①和②練習的是手部動作，③練習的是換氣時轉動身體的方式。另一隻手也要做同樣練習，目標是練到兩手都能做好這些動作。

挑戰單手向前伸直的自由式

1
這是重點!
左手入水的位置，要比伸直的右手更往前。

2
這是重點!
抓水的手將手肘微彎，往身體下方划水。

3
這是重點!
配合換氣的動作，肚臍轉向側面。

一隻手做「立正」的動作，另一隻手入水後就換氣。

就能掌握「手入水後，就要開始換氣」的這項要領。掌心抓水後，接著用力划水。

挑戰單手做立正動作的自由式

這是重點！
入水的右手往前伸時，肚臍轉向側面，銜接換氣的動作。

方法

① 雙腳打水，左手像是做「立正」的動作一樣，貼在身體側面，右手往上划。【照片❶】

② 右手掌心向下入水，轉動身體讓肚臍朝向側面並換氣。【照片❷】

③ 重複動作①②。

這個練習的重點要集中在②的動作。

剛開始上半身無法穩定，會導致前進的速度很慢，所以提醒自己要確實做好抓水，以及往身體下方划水的手部動作。

靠打水與狗爬式前進，練習掌握換氣的時機。

練好這個動作後

就能掌握「在打水前進時，於兩手前後伸直的那一刻進入換氣動作」，這一連串的流程。

在練習自由式空中移臂的動作之前，先用狗爬式的手部動作，來掌握自由式的換氣時機。

方法

① 雙腳打水，雙手在水中大幅前後划動。【照片❶❷】手不要離開水面。

② 當前後方的兩手都伸到最遠處的那一刻，轉動身體進入換氣的動作。【照片❸】

划水時，先用掌心抓水，再往後方推。

挑戰狗爬式

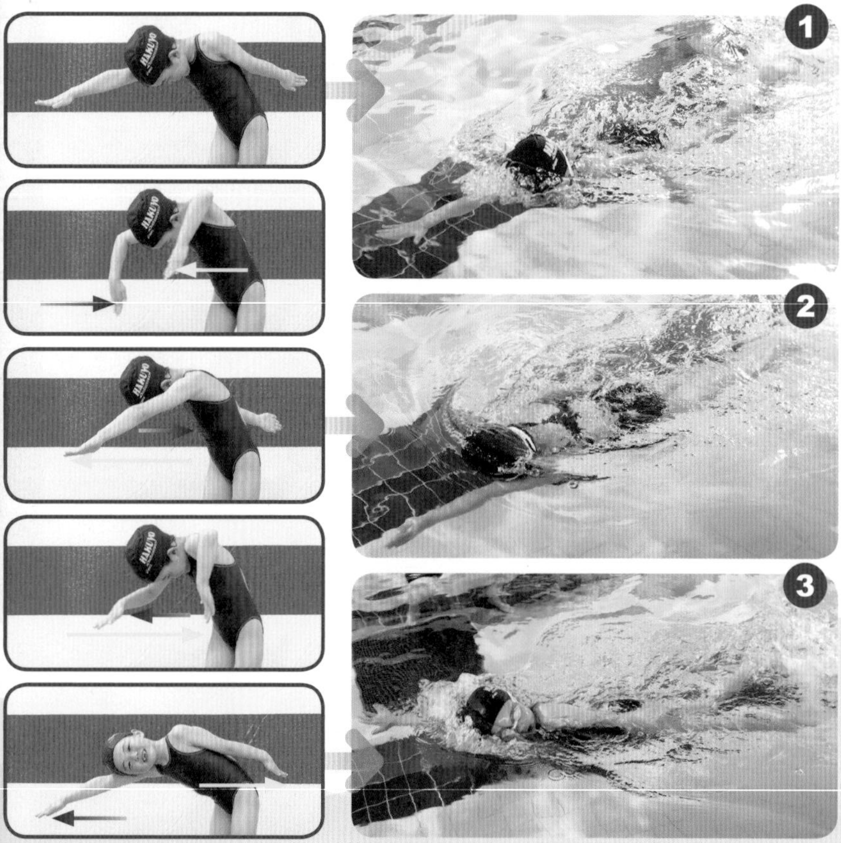

兩手都划到前方後，保持姿勢，練習掌握正確的手部動作。

就能學會正確的姿勢與手部動作，這叫作前交叉練習，記得將精神集中在手部動作上。

這個練習可以學會讓身體平直伸展，同時做到有力且正確的手部動作。

挑戰前交叉划法

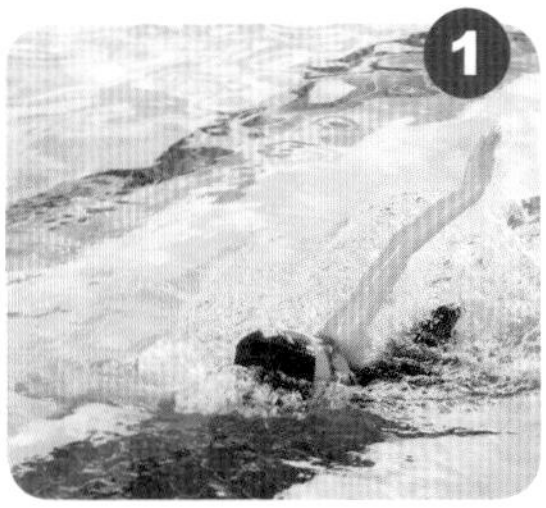
1

2
這是重點！
兩手都划到前方時，數兩秒後再划動較靠前的那隻手臂。

3
這是重點！
換氣與推水動作同時開始。換氣時，注意向前伸直的手臂不要往下壓。

4

方法

① 用「單手向前伸直的自由式」（第82頁）的方法，將手臂往上划。【照片❶】

② 往前伸展的手和①的手併攏，保持這個姿勢兩秒。【照片❷】

③ 在②時原本入水的手繼續向前伸展，換另一隻手划水，再划到空中。【照片❸】

④ 兩手在前方併攏兩秒後，換原本往前方伸展的手划水。【照片❹】

⑤ 重複動作①～④。

自由式，完成！

讓我們一一核對每一個動作。
複習一下有沒有哪個動作做不好呢？

仔細看圖，確認手和腳的動作。

在水中，要確認這些要點。

1 以指尖入水

手 左手往前伸展，盡量以中指插入水中。

腳 打水時大腿上下擺動，整條腿像甩鞭一樣的踢水。插入水中的若是左手，就用另一邊的右腳來踢水。

臉 臉朝正下方。

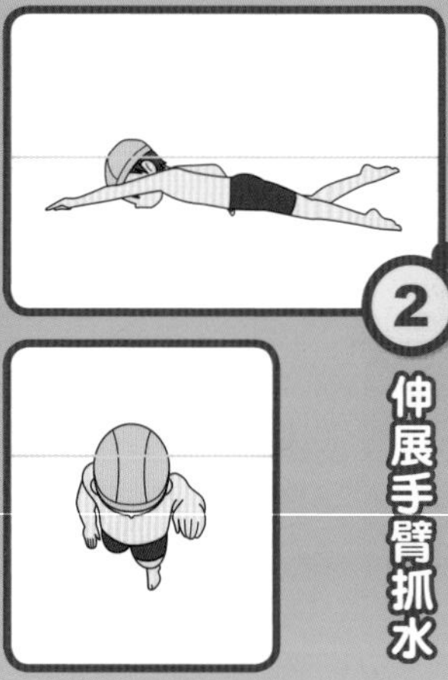

2 伸展手臂抓水

手 插入水中的左手繼續往前伸展，接著右手手肘微微彎曲，用掌心將水帶到肚臍下方，將水往後推。

身 伸展著手臂的左側肩膀沉入水中。

幫助大家游得更快、更輕鬆的要點

自由式是速度最快的游泳姿勢，主要是靠手划水的力量前進，因此手部動作非常重要。

對初學者來說，同樣必須做好扎實的打水練習，如果打水做得不夠確實，就無法順利的浮在水上，導致白白浪費手划水的力量。

練習時，記得要詳讀前面的解說，並提醒自己「打水時要像甩鞭一樣擺動腿」、「手部動作要正確」等各個要點。

如果換氣做得不好，建議可以做第90頁「在棉被上打水」的練習，只要掌握在游泳時轉動身體的要領，就能輕鬆學會換氣。

3 划水

手 右手用中指插入水中，左手手肘微微彎曲，往肚臍下方划水。

身 不傾向左右任何一邊。

4 用掌心推水

手 左手掌心將水往後推；右手向前伸展。

臉 左手準備推水時，臉轉向側面。

身 伸展著手臂的右側肩膀沉入水中。

5 手抽離水面往前划

手 在水中的左手快碰到大腿的位置後，就抽離水面。

臉 在左手抽離水面的同時轉動身體，嘴巴大口吸氣。

身 手臂出水的左側肩膀露出水面。

請幫我解答

森教練

Question Q

游自由式時，右邊換氣沒問題，但是左邊換氣做得很不順……

某一側換氣做得不順時

① 大幅轉動身體，直到能順利吸氣

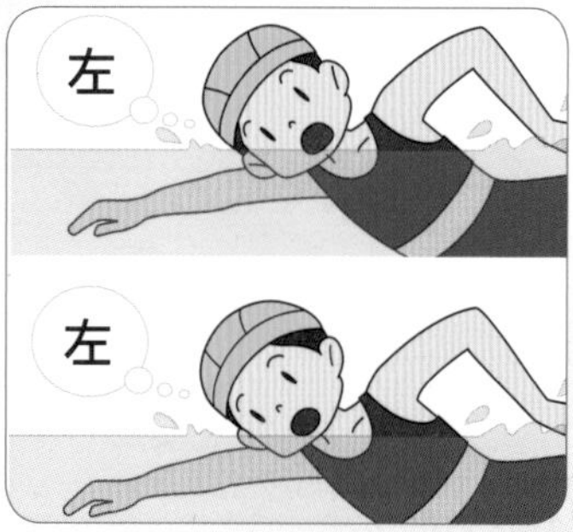

② 游泳時只用不擅長的那一邊換氣

MANGA SWIMMING PRIMER

不擅長左邊換氣的話，可以試著加大轉動身體的幅度，當轉到臉朝正上方的位置再換氣。在吸到足夠的氣之前，身體都先不要回到原本的位置。

也可以試試看在游泳的時候，全程只用左邊換氣，只要練到連不擅長的那一邊都能順利換氣，左右肢體的平衡就會變好，游泳的速度也會變得更快。

記得反覆練習就對了。

Answer A

將身體大幅轉動到臉朝正上方的位置再換氣，或是在游泳時只用不擅長的那一邊換氣。

划手動作維持在與肩同寬的幅度，一腳在前，要練到動作能夠連續。

在家裡也能做

手與腳的動作時機

練習

MANGA **SWIMMING** PRIMER

對著鏡子練習，自由式的手部與腿部動作。

① 左手舉起，右腳在前

② 左腳抬起，右手從後方往上划，左手則往下划

右手做出即將入水的姿勢。

③ 右手往前，同時左腳往前踏一步

做出右手入水、左腳往下踢的姿勢。

大家可以看著上方的照片，對著鏡子練習自由式的手部與腿部動作。自由式的基礎，就是一隻手入水時，另一邊的腳要往下踢。右手划到前方時，左腳（腦中想著踢水動作）就往前踏；左手划到前方時，換右腳（腦中想著踢水動作）往前踏。只要掌握這個感覺，在水中就能用正確的節奏游泳。動作③做完後，就換左手與右腳往前，接回到動作①。

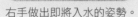

在家裡也能做

打水與身體轉動的動作

打水時並不是彎曲膝蓋去踢水，而是讓腿保持柔軟，甩動整條腿去踢水。

練習

MANGA **SWIMMING** PRIMER

試試看在棉被上做打水動作，以及在棉被上轉動身體。

①

在棉被上
做打水動作

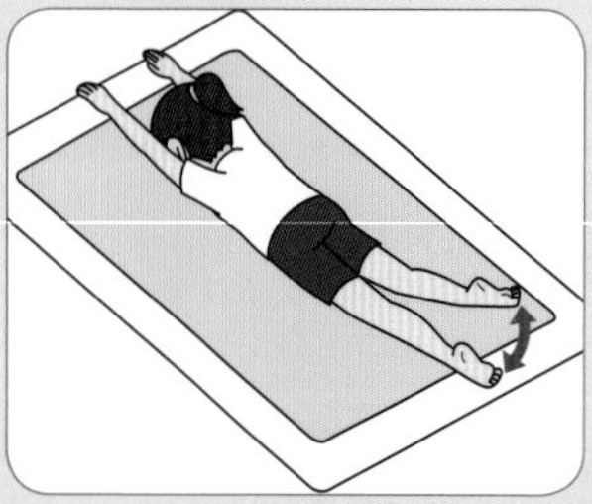

額頭貼著棉被。這個動作要做20秒。

②

頭、手、腳離開棉被，
保持這個姿勢滾動一圈

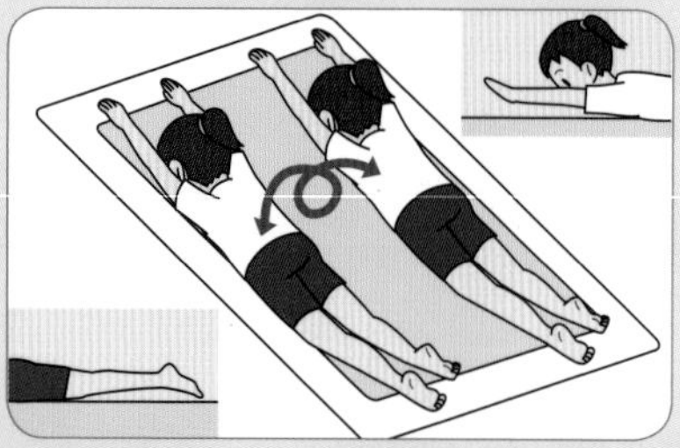

往右往左各滾一次為一組，整套動作做三組。不是靠手和腳施力，而是用整個身體的力量滾動。

如上圖①，在棉被上做打水動作20次，重點在於從上到下包括腳尖都要伸直，整條腿小幅度的上下踢動。

②則是練習掌握游泳時身體左右轉動的感覺。自由式本來就是一種身體左右轉動並划動手腳前進的游法，在這個練習中，可以掌握在划手與換氣時，身體該如何隨之轉動。

水是好朋友！

第5章 仰式要伴隨著身體的轉動

練習就會進步？

舉
左右手動作相反。
游仰式時，左右手動作相反。
右手在上，左手就在下；下方手臂從身體前方往上伸直時，上方手臂從身體側面划到下方。
身體側面？
沒錯！只要有心就能做到！
GOOD!
比

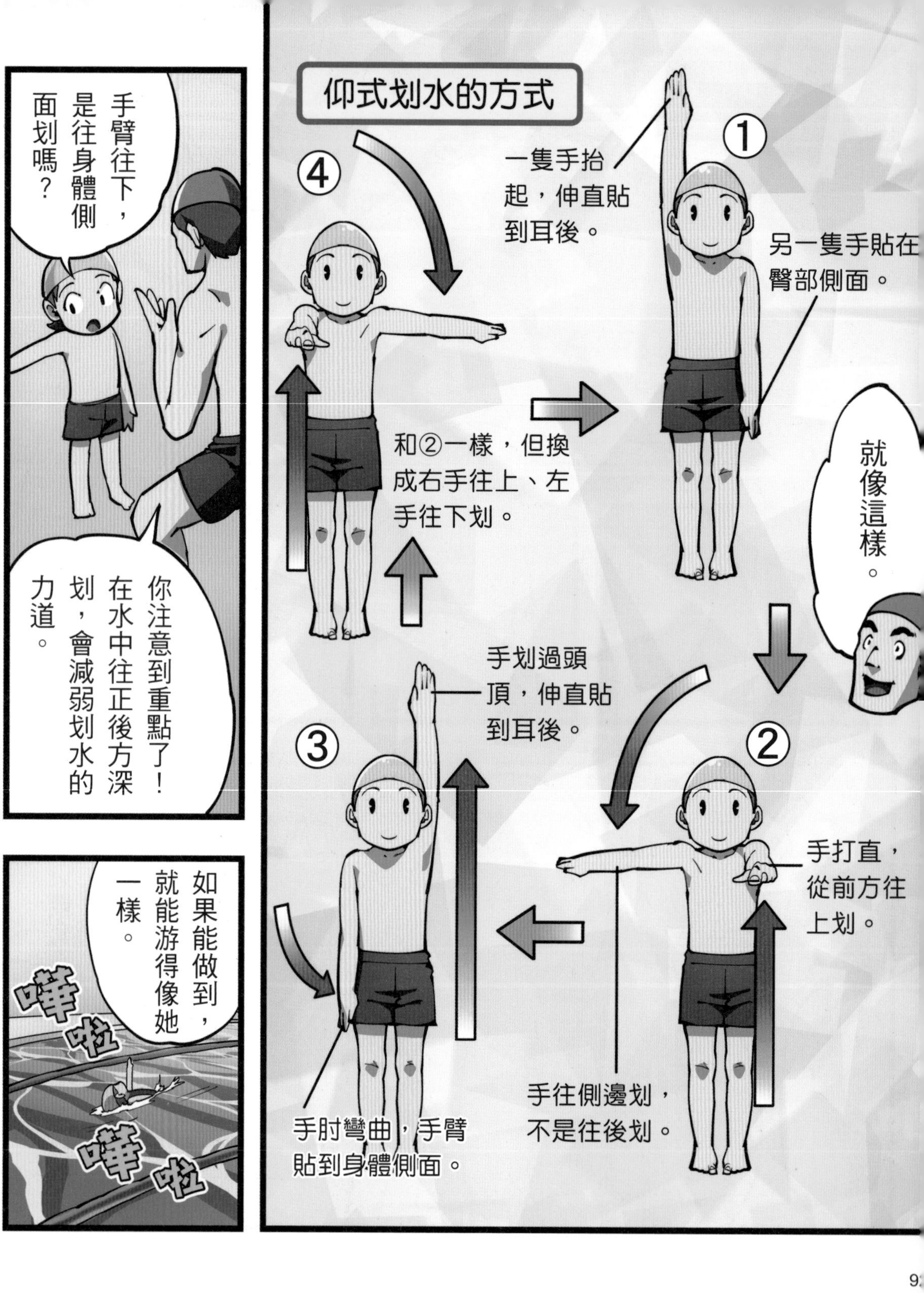
仰式划水的方式
①
一隻手抬起，伸直貼到耳後。
另一隻手貼在臀部側面。
就像這樣。
②
手划過頭頂，伸直貼到耳後。
手打直，從前方往上划。
手往側邊划，不是往後划。
③
手肘彎曲，手臂貼到身體側面。
④
和②一樣，但換成右手往上、左手往下划。
手臂往下，是往身體側面划嗎？
你注意到重點了！在水中往正後方深划，會減弱划水的力道。
如果能做到，就能游得像她一樣。
嘩啦
嘩啦

划
左手切入水面，右肩向上提。
右手切入水面，換左肩向上提。
和自由式很像吧？
哈哈
划
划
？
嘩啦
也就是說，
必須配合手臂的動作轉動身體，對吧？
閃
握拳
你很懂嘛！角倉。

只要記得將與入水的手不同邊的肩膀往上提，就能游得很順暢。
擺動
喝
喝
我很不會游仰式吔……
今天晚餐是什麼呢？
下次見！
城北游泳教室
我老是頂撞田所，
說不定這次比賽，他會故意叫我去游仰式。
千萬不要這樣啊！
會不會是漢堡排？

早紀，怎樣才能游好仰式？
還是俄國燉牛肉呢？
嗯？你說什麼？
早紀真的是外星球來的。
我是說，怎樣才能游好仰式？
這我答不出來。
我只是喜歡那種好像躺在雲上的感覺。
早紀又進入自己的世界了。
輕飄飄

我的腳都會沉到水裡，沒辦法順利前進。
探頭
早紀在水裡都是怎麼踢水的？
一個
水中？
接一個
嗯……我打水的幅度很小。
OK！
我都是踢得幅度越大越好。
錯！
還有，我的腳一直都在水裡，那樣更有和水是好朋友的感覺，我覺得很舒服。
OK！
我踢水時膝蓋會露出水面，這樣感覺游得比較快！
錯！

早紀，你為什麼這麼喜歡仰式？
因為這是我練習後游得最好的姿勢。
一開始，其實我非常怕水，
但是仰式並不用把臉埋入水中。
這樣就不怕了。
游得很好唷！
被田所教練大力稱讚後，我就得意忘形了。
嘩啦
原來我超有天分！
我也是！
呆～
練習仰式時，有時頭會撞到終點，
砰
有時會卡到水道繩，慘得不得了，也鬧出很多意外。
纏
噗
不過，在練習中進步，因此受到稱讚，讓我更喜歡仰式。
不愧是早紀。

田所教練和早紀說不定是好搭檔呢！
嘻ー
來吧！
但我無法理解那個人。
我也不是很能理解田所教練。
說真的，不公布混合接力負責的項目，到底是想怎樣？
是・祕・密
喔～
我很擅長自由式，但其他項目不太行。
我對蛙式以外都沒自信。
我都不行。

這麼說來，從沒看過田所教練游泳呢！
對吔！
難道他不會游泳？
什麼？
他肯定有什麼灰暗的過去。
怎麼說？
盯
祕密一定是他的V字手勢。
田所教練年輕時是知名的游泳選手，負責在混合接力最後一棒游自由式。
只剩五公尺時田所教練確信自己將會率先抵達終點，於是……
第一名是我的！

忍不住在水中做了招牌姿勢，結果就被超越了。
YES！
比
怎麼可能！
我知道了！他肯定是太過緊張。
然後？
嗯……
結果沒發現自己的泳褲穿反了！
怎麼可能會有這種事！
噹
背面
田所教練到底……
什麼來頭？
喀噠
噗嚕嚕嚕

第5章

掌握仰式的腿部與手部動作，以及換氣的要領吧！

試著挑戰這些項目！

練習仰式的打水

練習轉肩游泳

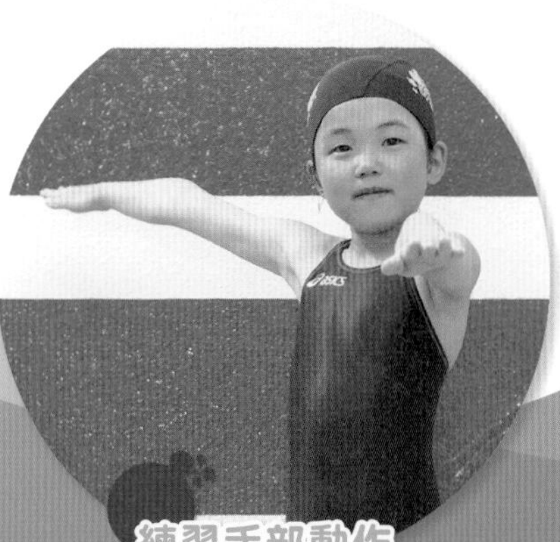

練習手部動作

練習吐氣吸氣

學完自由式之後，接著來學習仰式。

先學自由式再學仰式是有理由的，仰式就是身體反過來的自由式，只要會自由式，肯定也能很快的學會仰式。

游仰式不用把臉埋入水中，所以怕水的人也可以先從仰式開始學。就算不擅長自由式，也不用擔心，只要持續進行接下來的練習，就能和漫畫裡的早紀游得一樣好。

由大腿根部帶動整條腿踢水，往上踢時像是用腳背把水托起來。

挑戰雙手上舉打水

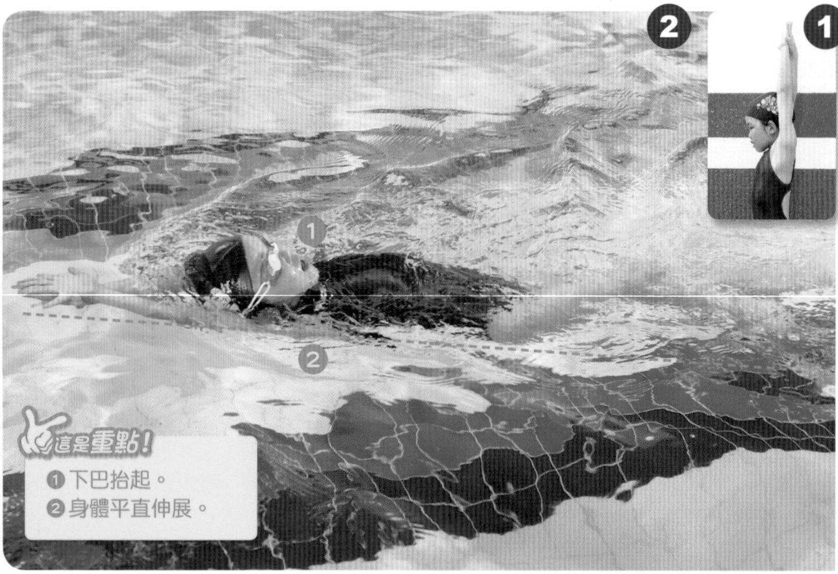

這是重點！
❶下巴抬起。
❷身體平直伸展。

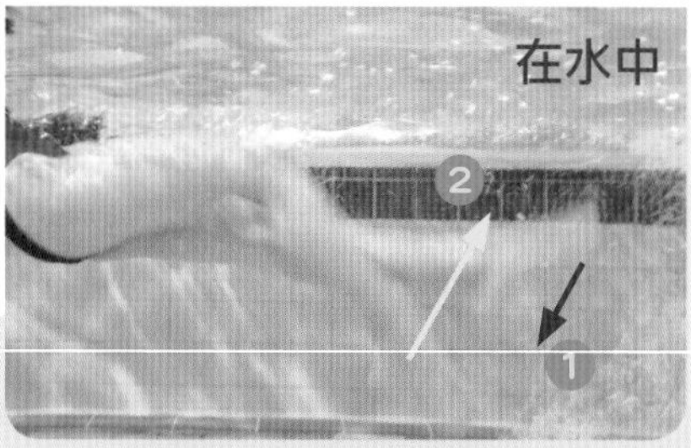

這是重點！
❶下壓時膝蓋伸直。
❷上踢時膝蓋微彎，感覺像用腳背把水托起來。

練好這個動作後

就能學會仰式的腿部動作，就像是面向上方做自由式打水的感覺。

雙手筆直上舉，面向上方游泳。

方法

①雙手伸直，在耳後交疊，背部挺直。【照片❶】

②將臉部朝上，只靠腿部打水游泳。【照片❷】

踢水時，記得要從大腿根部帶動整條腿。在踢的時候，上半身要保持穩定，肩膀與手肘繃緊，並把手臂打直，就可以游得很順利。

保持「立正」的姿勢，輪流轉動左右肩膀並踢水。

練好這個動作後

就能學會輕鬆換氣、迅速游泳。踢水時，記得臀部要配合肩膀的動作轉動。

練習轉肩

這是重點!
❶肩膀轉到下巴前方。
❷踢水時保持兩腳拇趾幾乎快碰到的距離，就可以直線前進。

這是重點!
❶看著正上方，頭部不要動。
❷肩膀大幅轉動。

方法

① 兩手貼在身體兩側，做「立正」的姿勢。【照片❶】

② 左右肩膀輪流轉到下巴前方（轉肩），臉部朝上的打水游泳。【照片❶❷】

臀部稍微轉動的同時，其中一條腿往上踢，另一條腿像是用腳掌把水壓下去一樣往下壓。

這樣不行!

肩膀要放鬆，縮起肩膀就沒辦法游好。

單手上舉，另一邊肩膀露出水面，打水前進。

練好這個動作後

就能學會讓身體保持筆直的仰式泳姿。記得手和手肘都要伸直。

練習單手上舉踢水（側身踢水）

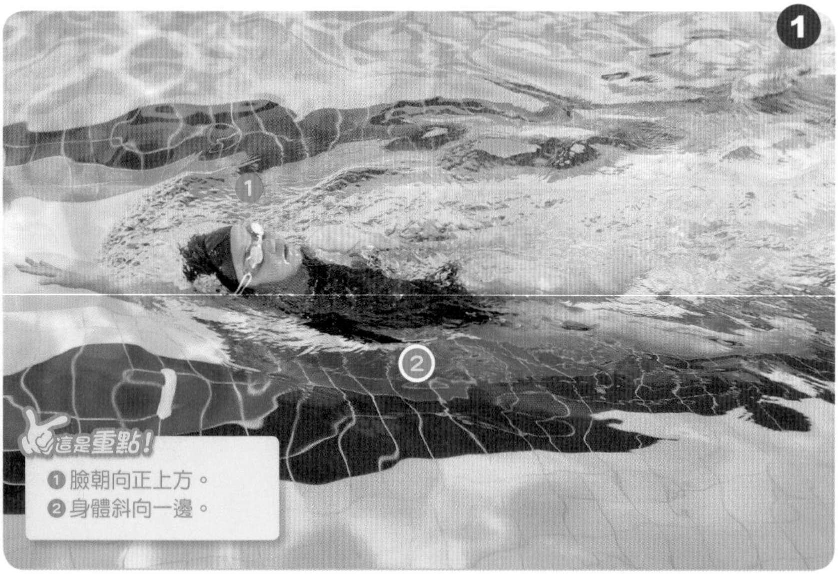

這是重點！
❶ 臉朝向正上方。
❷ 身體斜向一邊。

從水中看起來

這個「側身踢水」的練習，是為了幫助固定仰式從空中移臂入水時的姿勢。

方法

① 一隻手抬起，筆直貼到耳後。
② 保持①的姿勢，在水中側身打水前進。【照片❶】
③ 另一邊的手也做同樣的練習。

手肘不要彎曲，手臂順著肩部筆直伸展，就能游成一直線。

練習手臂划動的方式

右手與左手往反方向划，划水的手要經過身體側面。

練好這個動作後

就能學會正確的仰式划水動作。剛開始練習時，①～④的每一個步驟都要停下來，檢查動作是否正確。

練習在陸地做手部動作

❶ 右手往上，左手往下

❷ 右手往側面，左手往前

❸ 右手往下，左手往上

❹ 右手往前，左手往側面

方法

① 左手貼在身體側面，抬起右手伸直貼到耳後。【照片❶】

② 左手抬向身體前方，同時划水的右手划往身體側面。【照片❷】

③ 左手伸直抬起直到貼到耳後，同時划水的右手彎曲手肘划向下方。【照片❸】

④ 換成划水的左手划向身體側面，右手往上抬。【照片❹】

⑤ 重複動作①～④。

在這個階段，不用太在意水中的動作細節，先練習划水的方式就可以了。

只用一隻手游仰式，練習划水、推水的感覺。

練好這個動作後：

就能學會在水中抓水、划水、推水的正確仰式手部動作。

一隻手貼在身體側面，另一隻手划水，腿部做打水動作。

方法

① 手臂伸直向上抬起。【照片❶】

② 抬起的手將手肘伸直，感覺像要擦過耳朵一樣往下划。【照片❷】

③ 以小指入水，手臂在水中伸展。【照片❸】

④ 手肘微彎並繼續划，當掌心朝向後方時就抓水，在水中划水，往臀部下方推水。【照片❹】

動作③→④時，也要加入轉肩（第103頁）的動作。

練習單臂仰式

右手划兩次、左手划兩次，重複左右手輪流划水。

練好這個動作後

「單邊划手」的練習，是為了幫助左右手都能掌握平衡的划水時機。

練習單邊划手

方法

① 一隻手像「立正」的姿勢一樣，貼在身體側面，只用另一隻手划水兩次。【照片❶】

② 與①相反的手貼在身體側面，用另一隻手划水兩次。【照片❷】

③ 右手兩次→左手兩次→右手兩次→左手兩次，用這樣的順序左右輪流划水。

在動作③右→左、左→右換手划水時，記得一隻手剛入水時，另一隻手就要緊接著出水。

抬起手臂就從嘴巴吸氣，划水時從鼻子吐氣。

練習雙臂仰式

練好這個動作後

就能掌握仰式換氣的要領，以及手臂伸直抬起、伸直入水的感覺。

方法

①雙臂順著肩部往上抬，嘴巴配合這個動作短短的吸氣。【照片❶】

②雙手切入水中，在水中划手，鼻子配合這個動作長長的吐氣。【照片❷】

③重複動作①②。

由於雙臂要同時划動，一開始會沒有辦法順利前進。

手往上抬時，腳要做好扎實的踢水動作，而手入水後，則要確實做好抓水的動作，只要能做到這兩點，就能在前進時，讓身體保持浮在水面。

手臂互碰時吸氣，頭沉入水時吐氣。

練好這個動作後

完成這個「手臂互碰」的練習，就能掌握頭沉入水時用鼻子吐氣，頭浮起來時從嘴巴吸氣的要領。

練習手臂互碰

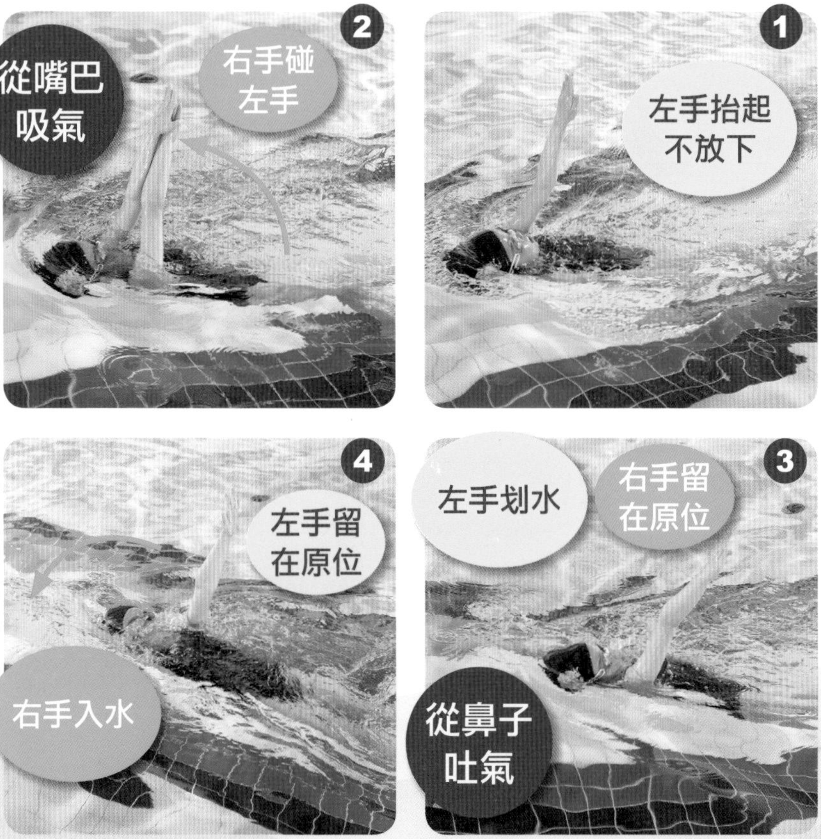
1
左手抬起不放下
2
右手碰左手
從嘴巴吸氣
3
右手留在原位
左手划水
從鼻子吐氣
4
左手留在原位
右手入水

方法

①抬起左手游泳。【照片①】

②出水的右手觸碰左手，同時用嘴巴吸氣。【照片②】

③右手不動，左手切入水中划水，同時鼻子吐氣。【照片③】出水的左手碰觸右手，同時從嘴巴吸氣。

④左手留在空中，入水的右手划水，同時鼻子吐氣。【照片④】重複這些步驟。

如果從鼻子吐氣的時機不對，水就會灌進鼻子裡，非常不舒服。只要掌握正確的吐氣時機，水就不會灌進鼻子。

仰式，完成！

讓我們一一核對每一個動作。
複習一下有沒有哪個動作做不好呢？

這是重點！

手臂在轉動肩膀的同時往上抬，順勢入水。

仔細看圖，確認手和腳的動作。

在水中，要確認這些要點。

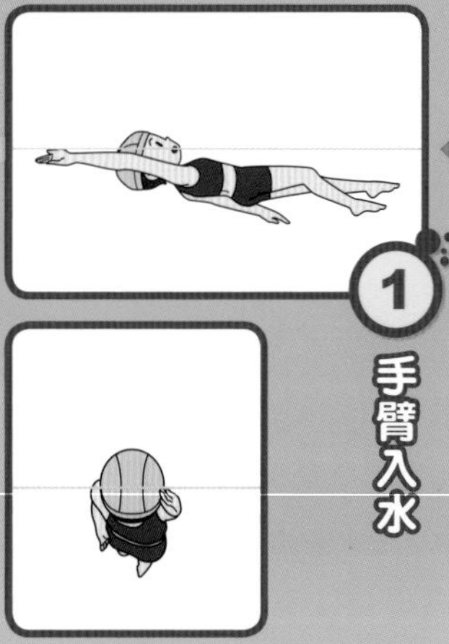

① 手臂入水

手 右手掌心朝外，以小指入水。

這是重點！

指尖從肩膀正上方入水。

臉 看向正上方。

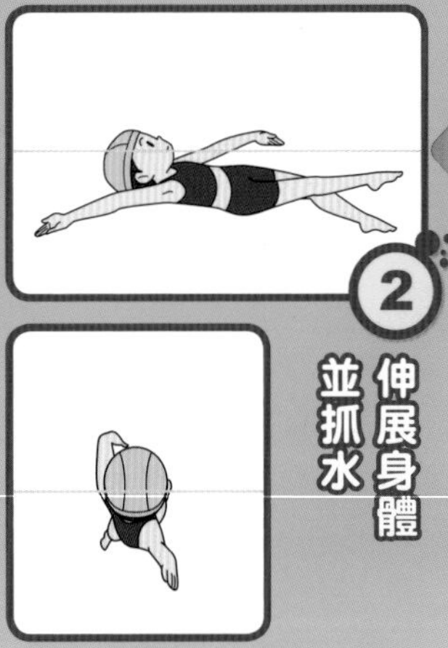

② 伸展身體並抓水

身 在水中伸展。

手 轉肩時，右手在水中向前方伸展，手肘微彎，以掌心抓水。

氣 當左手出水面時，發出「哈」的一聲，再從嘴巴吸氣。

幫助大家游得更快、更輕鬆的要點

游仰式時，臉不會埋入水中，所以換氣變得輕鬆。不過有時候一心想游好仰式，頭卻動不動就沉到水中，水還灌進鼻子，而吃到不少苦頭。

想要順暢換氣，重點就在於要讓身體浮在水上，並用強力的踢水讓身體前進，在正確的時機吐氣與吸氣。

如果你的腰部會沉入水中，無法順利浮在水上，那就練習第42頁的大字漂，掌握浮在水上的要領。此外也別忘記踢水的重點，記得擺動整條腿，用上踢的腳背將水往上托。

要如何掌握換氣的時機呢？建議可以持續做「抬起手臂時從嘴巴吸氣」、「划水時從鼻子吐氣」的練習（第108、109、114頁）。

3 手往後划水

手 右手的掌心朝著腳的方向，將靠近水面的水往後推；左手向正上方伸直。

這是重點！ 划水的手並非划向身體後方，應往身體側面划。

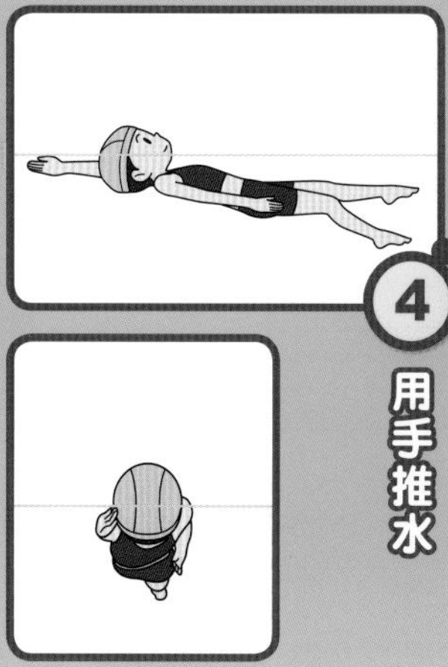

4 用手推水

手 右手往臀部下方推水；左手以小指指尖入水。

腳 像是用腳背把水托起來一樣的往上踢，用腳掌把水壓下去一樣的往下壓（第113頁）。

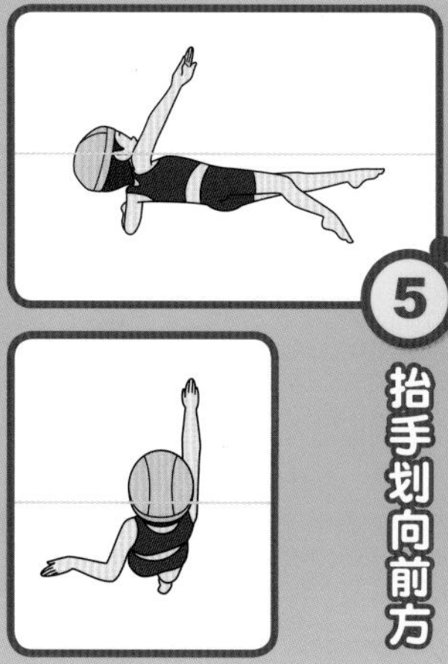

5 抬手划向前方

手 轉動右肩時，以右手手背出水，划向身體正上方，回到動作①時以小指入水。

氣 當右手出水面時，發出「哈」的一聲，再從嘴巴吸氣。

請幫我解答 森教練

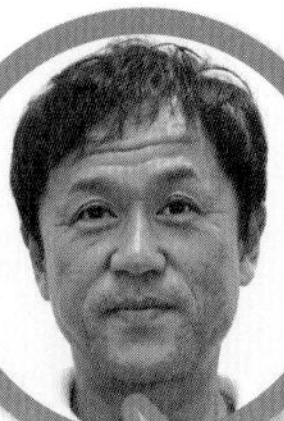

Question Q

游仰式時，頭沉下去是錯誤的姿勢嗎？可是，水會灌進鼻子裡，很不舒服……

Answer A

記得配合划手的動作，用正確的規律吐氣與吸氣。

吐氣吸氣的時機

一邊推水，
一邊用鼻子吐氣

手出水後，
就用嘴巴吸氣

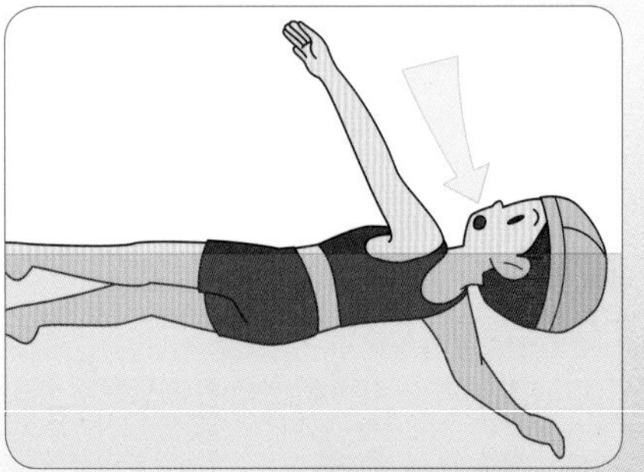

水會灌進鼻子裡，可能是因為胸部挺起，或是腹部沉入水中。

此外吐氣的時機與吸氣的時機不對，也會導致水灌進鼻子。當前的目標，就是要讓身體平直伸展，像上圖一樣，學會配合手部動作，在正確的時機吐氣和吸氣。

無論是自由式還是仰式，都是在吐氣的時候推水，大家要記住這一點喔！

請幫我解答

森教練

Question Q

仰式的踢水，有固定每划一次手，腳就要踢水多少次嗎？

什麼是配合手部動作踢水？

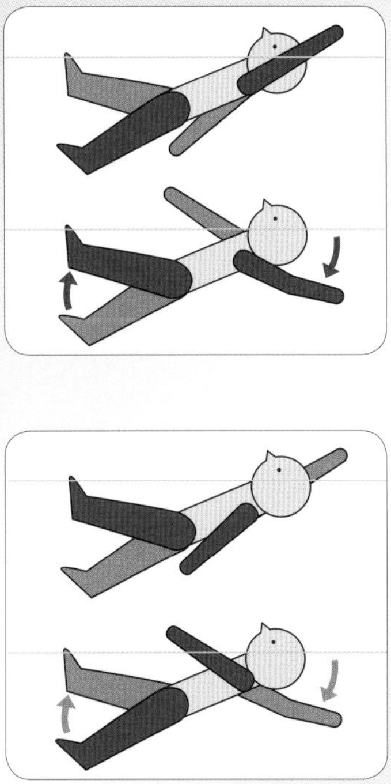

①
左手入水時，左腳往上踢

②
右手入水時，右腳往上踢

MANGA SWIMMING PRIMER

基本上，仰式每划手一次，就要踢水六次。

但是在計算次數之前，應該先學習讓上踢動作配合手部動作，掌握正確的規律。當手切入水中，身體就朝那隻手的方向傾斜，同時與手同側的腳稍微朝內側上踢。另一隻下壓的腳，則用腳掌將水往下壓，上踢的腳與下壓的腳之間的幅度與腰部同寬。

Answer A

要踢水六次。

不過，先把目標放在腳配合手部動作上踢吧！

手部動作與換氣

練習

MANGA **SWIMMING** PRIMER

只要配合手部動作，掌握吐氣節奏，嗆到水、身體下沉的狀況就會慢慢消失。

練習當手碰到大腿時，就把氣吐乾淨，並在划手的途中吸氣。

躺在棉被上	❶划動左右手	❷左手碰到大腿	❸划動左右手	❹左手手背放到棉被上
	吸氣	**吐氣**	**吸氣**	**吐氣**
左手舉起，手背貼在棉被上，右手碰到大腿。	左手伸直往側邊划，右手伸直往上划。	右手向上往頭頂划，手背放到棉被上。	左手伸直往上划，右手伸直往側邊划。	由外往內划下來的右手碰到大腿，回到動作❶。

只要掌握手部動作與換氣的時機，仰式就能游得輕鬆又快速。第112頁介紹了「手部動作」與「吐氣吸氣時機」的練習，躺在家裡的棉被上也可以做喔！

吐氣吸氣的重點在於，吐氣時要用鼻子長長的吐氣，吸氣時則要發出「哈」一聲，隨即短短的吸氣。讓我們一起努力，學會俐落而有節奏的換氣吧！

水是好朋友！
第6章
蛙式由坐姿踢水開始
田所教練的祕密
你覺得之前說的那件事……
哪件事？
豎起
田所教練是不是不會游泳那件事啊！
哦，不太可能吧？
說來說去……
噹
你們在游泳教室的教練是田所啊？
愛比V手勢的那位？
媽媽認識他嗎？
田所小弟啊……
明天媽媽去游泳教室參觀一下好了。
？
？

隔天
要認真游唷！
聽不到
你聽得到？
拿
我來找找田所小弟？
今天來練習蛙式吧！
嗶嗶嗶
鎖定
找到了！
田所小弟！
蛙式的重點在於要像用腳掌蹬水的感覺踢腿……
是誰亂叫人？
是我！
啊！是綾前輩。
那是前國手綾小路小姐嗎？
媽媽是前國手？
她是你們的媽媽！
快逃！
跳

划
哈
唰
哇！田所教練在游泳。
我第一次看到。
他的姿勢還是一樣漂亮。
甩開了。
好久不見，田所小弟。
冒出
哎呀！
撲通
看到你回來繼續游泳，我好開心。
咕嚕
咕嚕
咕嚕

綾小路前輩，好久不見。
行禮
美香，上次見面是在游泳公開賽集訓吧？
咕嚕
咕嚕
你知道媽媽以前是游泳選手嗎？
不知道！而且還是國手。
好懷念啊！已經過了十年了。
當時，田所被選入世界青年游泳錦標賽代表，整個人充滿自信，非常被看好。
什麼？
喀嚓
喀嚓
我的目標是冠軍！
招牌姿勢從那時開始就沒變。
噗
噗

但在預賽時太過緊張，他穿著前後反過來的泳褲，站上了跳水臺……
撲通
撲通
你……
泳褲是不是前後穿反了？
我猜對了！
泳褲
穿反
在那之後就沒有你的消息，我一直很擔心，看來你過得很好。
我忘不了游泳帶來的快樂。
教練！
咕嚕
咕嚕
請讓我再看一次你游蛙式！
航平……
沒問題！
哎呀，恢復了。

好棒！
太帥了！
嘩
啦

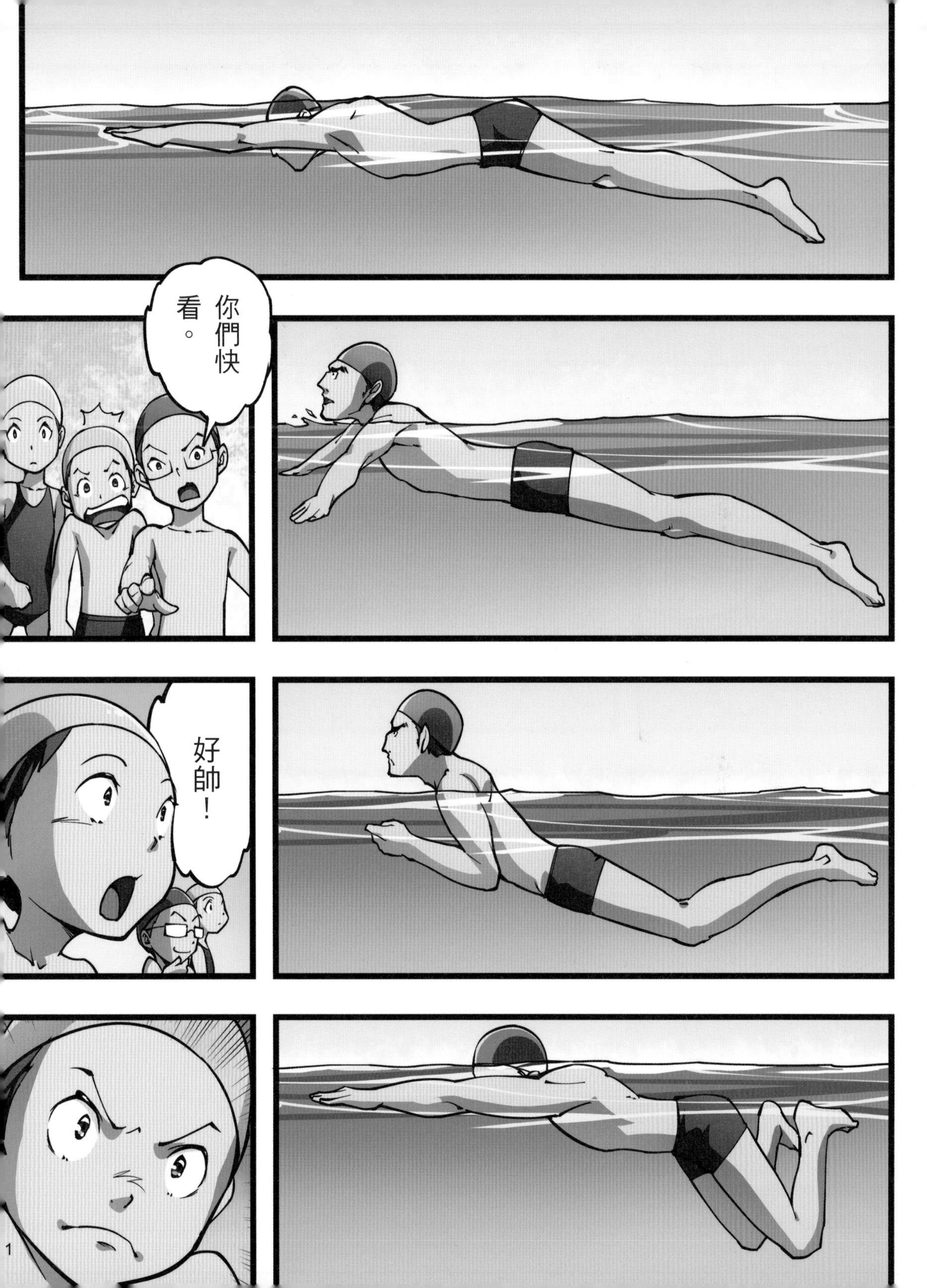
你們快看。
好帥！

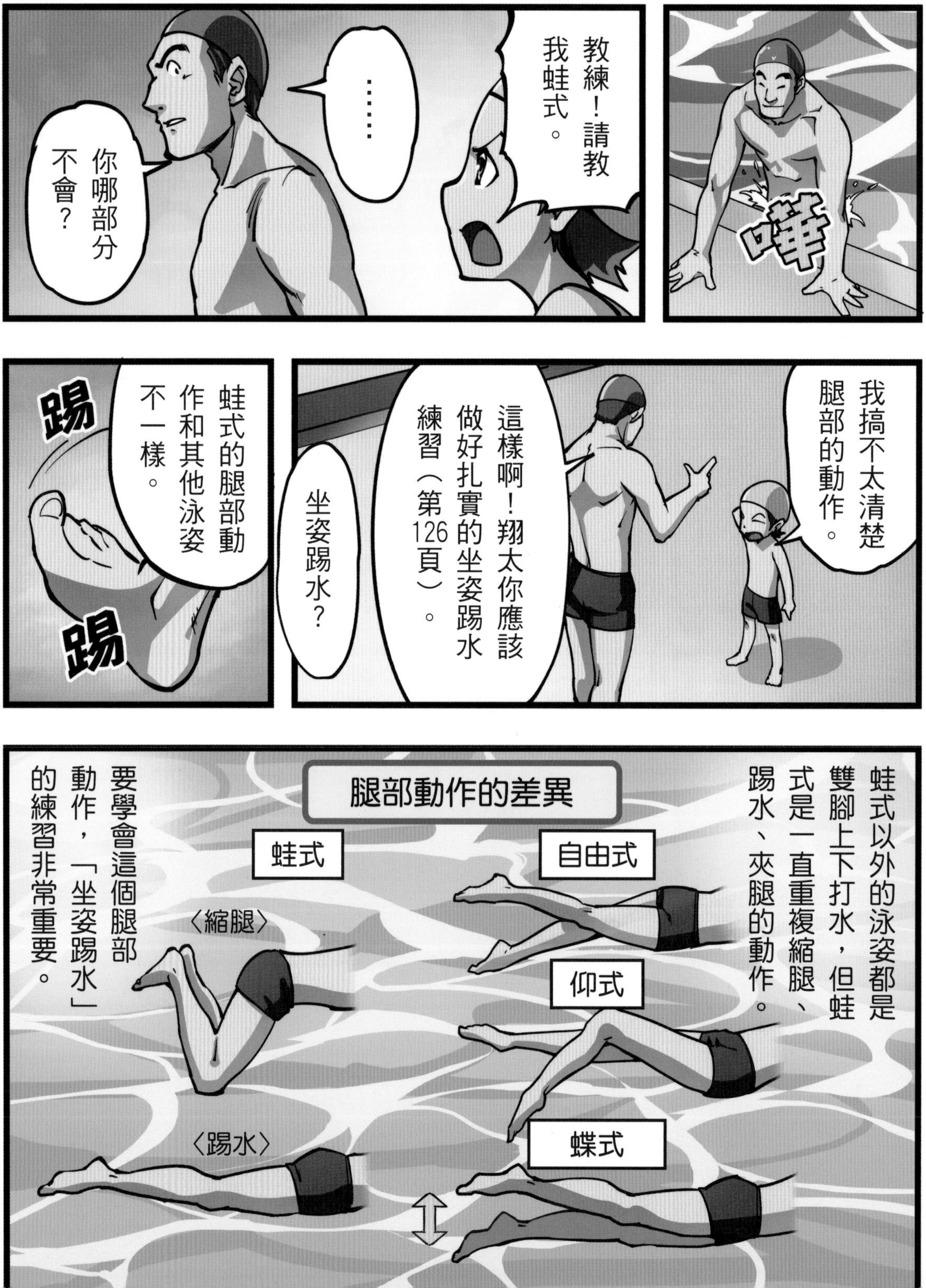
嘩
教練！請教我蛙式。
……
你哪部分不會？
我搞不太清楚腿部的動作。
這樣啊！翔太你應該做好扎實的坐姿踢水練習（第126頁）。
坐姿踢水？
蛙式的腿部動作和其他泳姿不一樣。
踢
踢
蛙式以外的泳姿都是雙腳上下打水，但蛙式是一直重複縮腿、踢水、夾腿的動作。
腿部動作的差異
自由式
仰式
蝶式
蛙式
〈縮腿〉
〈踢水〉
要學會這個腿部動作，「坐姿踢水」的練習非常重要。

好，我們來複習一次坐姿踢水。首先，在泳池邊坐下，不要坐太後面。仔細看著自己的腳，打開膝蓋，腳跟往臀部方向靠攏。
①腳跟往內收
很好！航平，這樣就對了。
是！
腳踝彎曲，就像穿著鞋子的時候一樣。
②腳踝彎曲
教練，我這樣對嗎？
對，很棒！
③腳跟像畫圓一樣向外畫弧踢水
保持這個姿勢，用腳跟向外畫一個圓。
角倉做得很好！
嗯。
接著，膝蓋併攏，再踢出去。
翔太，問題就在這。
?

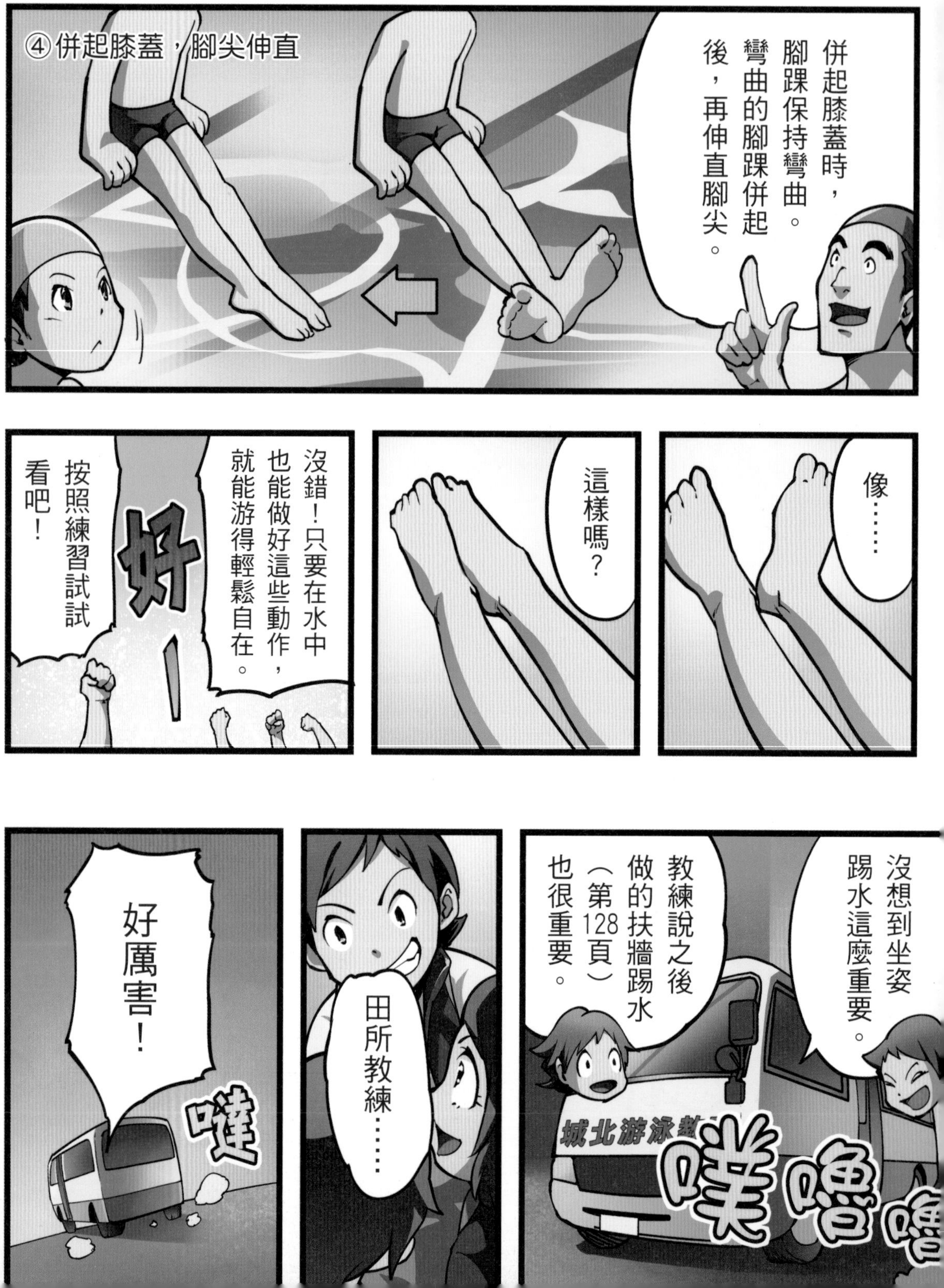
④併起膝蓋，腳尖伸直
併起膝蓋時，腳踝保持彎曲。
彎曲的腳踝併起後，再伸直腳尖。
像……
這樣嗎？
沒錯！只要在水中也能做好這些動作，就能游得輕鬆自在。
按照練習試試看吧！
好！
沒想到坐姿踢水這麼重要。
教練說之後做的扶牆踢水（第128頁）也很重要。
城北游泳教
噗嚕嚕
田所教練……
好厲害！
噠

第6章

掌握蛙式的腿部與手部動作，以及換氣的要領吧！

扶著牆練習踢水

保持立正的姿勢做蛙式的踢水

試著挑戰這些項目！

在泳池邊學習手部動作

兩腿夾著夾腳浮板踢水

大家久等了，我們來練習蛙式吧！

蛙式的踢水動作和自由式、仰式不同，基礎在於「腳跟靠近臀部下方，往正後方踢出」。

因此，我們要先來練習「坐姿踢水」（第126頁）和「扶牆踢水」（第128頁），專注練習腿部動作，掌握正確的蛙式踢水會是什麼感覺。

如果換氣做不好，就在泳池邊配合手部動作一起練習（第134頁），不要忘了發出「哈」一聲再吸氣喔！

看清楚動作，喊出節奏，練習踢水吧！

練習坐姿踢水

① 膝蓋打開，腳跟往內收

這是重點！

❶ 不要坐得太後面。
❷ 腳跟打開至肩膀寬度向內收，接著數「一」。

② 腳踝彎起，腳趾朝外

這是重點！

腳踝彎起，腳趾朝向外側，接著數「二」。

練好這個動作後

就能掌握蛙式踢水（腿部動作）的感覺。記得踢水的動作，就像是用腳掌把水蹬出去一樣。

蛙式的重點在踢水時要用腳掌將水蹬出去。現在，就讓我們一邊練習，一邊用眼睛仔細觀察，核對上方動作①~⑤與「這是重點！」的部分是否都有正確做到。

腿部動作是有節奏的，腳跟往內收時數「一」，膝蓋打開、腳趾朝外時數「二」，腿伸直夾起時數「三」，腳尖併攏時數「四」，透過不斷重複這些動作，就可以掌握腿部動作的節奏。

動作③時，用腳跟畫出一個小圈，動作⑤時也要特別注意，只要能做到這些要點，就能游得很順利。

5 腳踝伸直

這是重點!

❶ 腳踝伸直後，就數「四」。

4 膝蓋合起，兩腿併攏

這是重點!

❶ 腳踝保持彎曲。
❷ 兩腿併攏時，剛好數到「三」的結尾。

3 腳跟畫圈弧，將水蹬出去

這是重點!

❶ 腳踝保持彎曲。
❷ 腳掌踢水，將水蹬出去。
❸ 開始踢水時，開始數「三」，並拉長音。

保持腳踝彎曲，喊出節奏，練習在水中踢水吧！

練好這個動作後

就能掌握水中踢水的要領。練習時，一邊數「一、二、三、四」，一邊抓節奏。

這個練習就是在水中進行「坐姿踢水」的腿部動作，和練習「坐姿踢水」時一樣，要一邊數節奏，一邊做動作。

動作①→②時，腳踝內收的同時要將腳踝彎起；動作②縮腿時，雙膝大約與肩同寬；動作②→③時，腳踝保持彎曲，像畫圓弧一樣轉動；到動作④踢腿動作完成為止，腳踝都保持彎曲。

保持腳踝彎曲的踢水動作，是學會腳掌蹬水的蛙式基礎，要多多練習喔！

練習扶牆踢水

① 雙腳併攏，伸直腳踝

這是重點！

❶ 腳踝伸直。
❷ 從第二個循環開始，腳踝伸直時就數「四」。

② 腳踝彎起，同時將腳跟朝臀部靠攏

這是重點！

❶ 腳跟靠攏後，數「一」。
❷ 腳趾朝外後，數「二」。

4 雙膝合起，兩腿併攏

這是重點！

❶兩腿併攏後，剛好數到「三」的結尾。
❷一直到這步驟，腳踝都保持彎曲。

這是重點！

❶踢水時，腳踝保持彎曲。
❷用「臀部貼地坐姿」（第136頁）將膝蓋往內夾，同時踢水。

這樣不行！

如果腳踝伸直，就無法完全將水往後蹬。

3 腳跟向外畫圓弧，將水向後蹬

這是重點！

❶腳踝保持彎曲。
❷開始踢水時，開始數「三」，並拉長音。

縮腿、踢水時，膝蓋與肩膀同寬，學會強力的踢水動作。

練好這個動作後

就能學會正確的腿部動作。無論是在縮腿或踢水時，膝蓋都要記得保持與肩同寬。

讓我們練習實際運用「扶牆踢水」（第128頁）的腿部動作來游泳吧！

方法

① 手放在浮板上，用「扶牆踢水」的動作前進，腳踝彎曲，同時腳跟向臀部靠攏。【照片❶】

② 腳踝保持彎曲，將水往後方踢，接著雙膝合起，雙腿併攏。【照片❷】

在【照片❶】的步驟中，只要能練到縮腿時，雙膝不會分開到超過自己的肩寬，就能前進得很順利。

練習浮板踢水

1
這是重點！
內收的腳跟往臀部靠攏，速度就會提升。

2
這是重點！
膝蓋伸直後，雙膝合起，雙腿併攏。

請幫我解答

森教練

Question Q

什麼叫作「用腳掌蹬水」？該怎麼做才對呢？

什麼是用腳掌蹬水？

① 腳踝保持彎曲，用力蹬出去

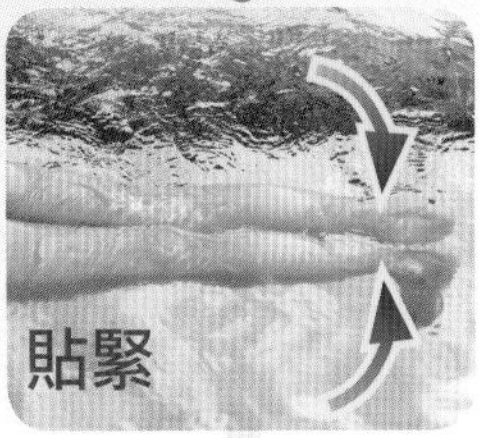

② 腳踝保持彎曲，兩腿併攏

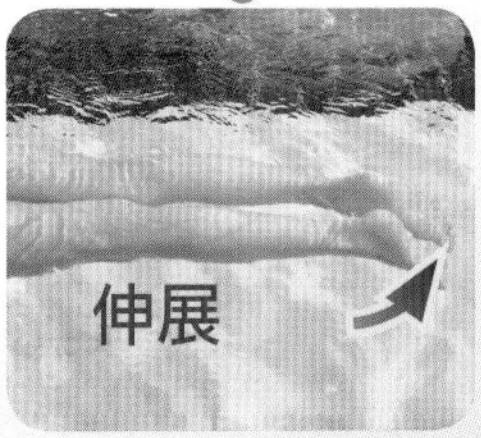

③ 兩腿併攏，同時將腳踝伸直

如果無法掌握「用腳掌蹬水」的感覺，就多多練習「扶牆踢水」與「浮板踢水」，同時一邊提醒自己上方的腿部動作。

若是腰部會下沉，剛開始練習時最好先戴著浮具。只要練好上方的腿部動作，就很接近「用腳掌蹬水的動作」了。

當兩腿併攏，被夾在腿與腿之間的水就會帶來前進的動力。

Answer A

試試看讓腳踝保持彎曲，猛力後踢，當兩腿併攏時，就把腳踝伸直。

踢水→伸展身體→抬頭吸氣→頭回到水下、腿部踢水。

練習立正踢水

這是重點！
踢水時，臉部朝向正下方。

這是重點！
踢水後，將身體平直伸展開，前進速度就會提升。

這是重點！
頭盡量不要抬得太高。

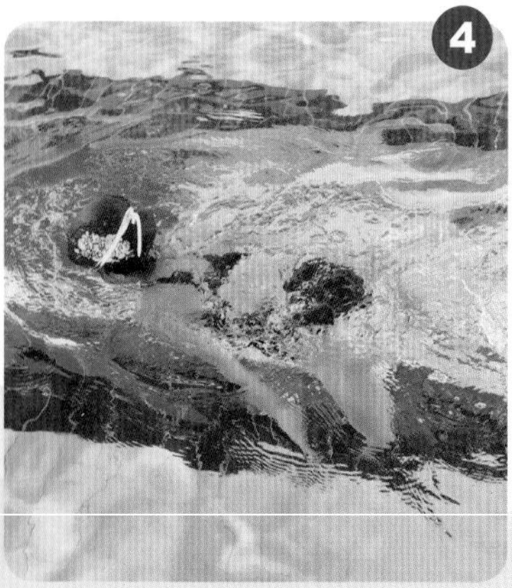

練好這個動作後

就能明白如何抓住蛙式踢水與換氣之間配合的時機。

方法

①保持「立正」的姿勢，做出第128頁「扶牆踢水」的動作。【照片❶】

②做完踢水動作後，將身體平直伸展開來。【照片❷】

③感受到身體前進的同時，腳跟內收，並抬頭吸氣。【照片❸】

④頭部迅速回到水下，並做踢水的動作。【照片❹】

⑤重複動作①～④。

抬頭吸氣的動作【照片❸】盡可能小一點，只要能做好這個練習，就能游得又快又漂亮。

兩手交疊，練習換氣

雙手往前方伸直，掌握踢水與換氣的時機。

練好這個動作後

就能用接近實際蛙式的姿勢，掌握「從換氣銜接到踢水」的一連串動作。

方法

①兩手伸直，手掌在前方交疊，用和「立正踢水」（右方頁面）相同的方式游泳。【照片❶】

②換氣後，頭部馬上入水，並做踢水的動作。【照片❷】每踢水一次，就換氣一次。

③重複動作①②。

換氣時，雙手稍微往下壓水，但不要壓得太深。【照片❷】

頭盡量不要抬太高。

踢水後夾起雙腿，確定身體已經伸展開來，就進入換氣的動作。

練習兩手伸直踢水

1
①
②
這是重點！
❶在靠近水面的位置交疊雙手。
❷腿部做「扶牆踢水」的動作。

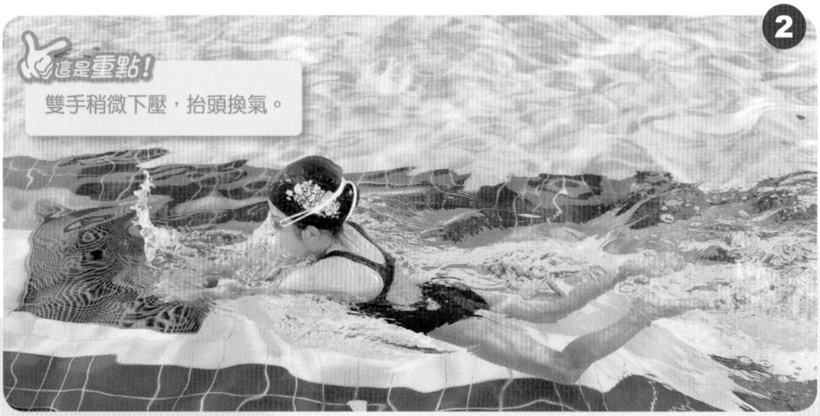
2
這是重點！
雙手稍微下壓，抬頭換氣。

配合節奏將手往前伸，大幅划動後，再併攏向前伸。

練習在陸地做手部動作

① 手臂張開，大於肩膀寬度

一
這是重點！
掌心朝下。

② 手臂畫一個大圈，在胸前合掌

二——
這是重點！
手肘轉動到胸部前方。

這是重點！
抬起頭。

③ 雙手併攏並低頭

三
貼住
這是重點！
維持這個姿勢1～2秒。

練好這個動作後

就能掌握到蛙式手部動作的要領。記得一邊數著「一、二——三」的節奏，一邊練習。

請看著上方的動作①～③，多多練習手部的動作，一邊數著「一、二——三」的節奏，一邊做，這樣練習起來就會很開心。

實際在水中游泳時，動作①就是「用手掌壓水，接著抓水的動作」，動作②是「彷彿將抓到的水抱住一樣，並銜接到換氣的動作」，動作③則是「伸展身體加速向前的動作」。

動作②就像是用手臂畫出一個愛心，抬頭的動作，就是在換氣。

雙手畫愛心，同時抬起一隻腳的腳跟。

練好這個動作後

就能掌握手部的動作，以及將腳跟往臀部靠攏配合的時機。

練習手腳動作的配合

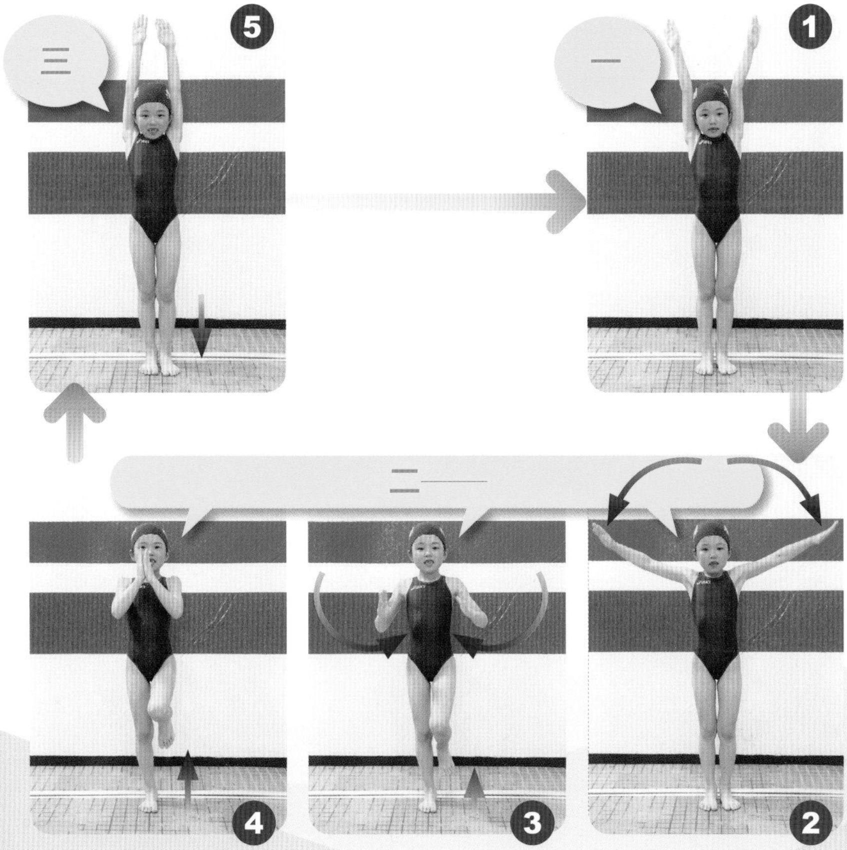

游蛙式時，手腳動作的配合非常重要。下水前，先在泳池邊練習手和腳的動作吧！

方法

①兩手向上伸直，張開至稍寬於肩膀，同時數「一」。【照片❶】

②兩手像畫愛心一樣畫圈，口中數「二——」直到在胸前合掌。【照片❷～❹】
手臂向內側畫圈時，抬起一隻腳的腳跟。【照片❸】
雙手合掌時，腳跟向臀部靠攏。【照片❹】

③兩手上舉，腳跟落地，同時數「三」。【照片❺】

游泳時大腿不張開，學習向正後方踢水的動作。

練好這個動作後

就能學會蛙式踢水中相當重要的「用腳夾住水的動作」。蛙式是無法光靠踢水前進的。

用「臀部貼地坐姿」（下圖）的腿部姿勢向正後方踢，就能順利前進。

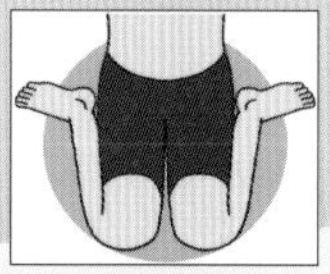

方法

① 用大腿夾住夾腳浮板*或浮板，腳跟往臀部靠攏。【照片❶】

② 保持腳踝彎曲往後踢水，注意不要讓夾腳浮板歪掉。【照片❷】

③ 腳踝伸直，同樣注意不要讓夾腳浮板歪掉。【照片❸】

*夾腳浮板：幫助下半身浮起的器具。

練習時，前進速度會很慢，只要練到拿掉夾腳浮板也能做出同樣的踢水動作，就能游得比以前快。

練習夾腳浮板踢水

1

2

這是重點！

踢水時想像「臀部貼地坐姿」的感覺。

3

請幫我解答

森教練

Question Q

我被糾正「腳不可以張太開」。踢水時，腳張開的幅度到底是多大？

什麼是踢水時腳不要張太開？

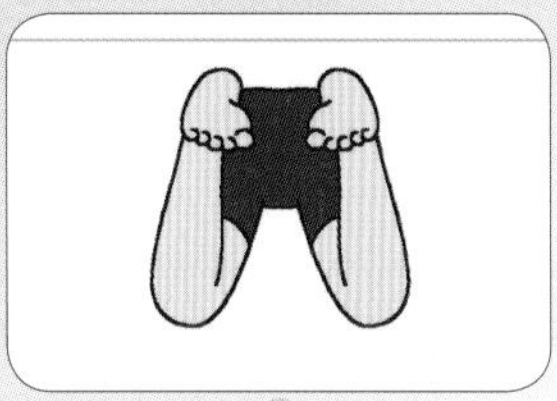

① 雙膝保持與肩同寬，並向前縮

腳跟靠向內側。

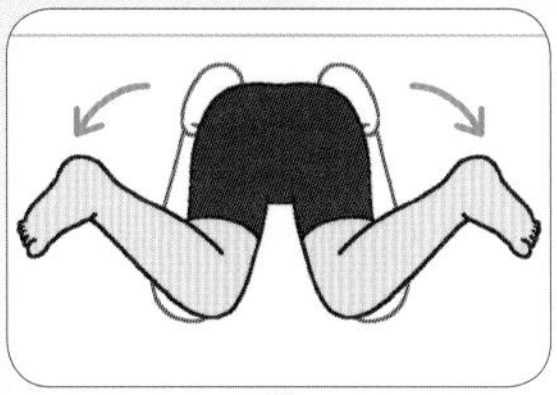

② 用臀部貼地的坐姿，向外轉動膝蓋並踢水

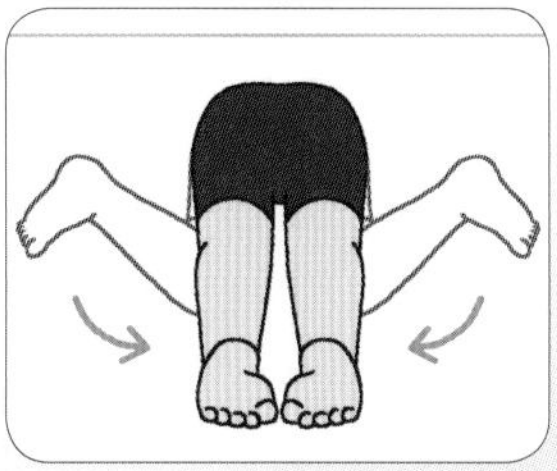

③ 雙腿併攏將水夾住，再伸直腳踝

踢水動作完成後，就夾起大腿。

Answer A

縮腿時，兩膝張開與肩同寬，兩隻腳跟的距離要比這更窄。

腳如果張太開，接觸到大腿等部位的水就會增加，導致游泳時受到的阻力變大。

蛙式最理想的踢水姿勢，如同上方的解說，要點在於動作②時做好「臀部貼地坐姿」（右頁），同時記住踢水時不是將雙腿向外打開，而是腳趾的前端向外翻。只要能做到臀部貼地坐姿向後踢水，腳趾自然就會向外翻，便能用力夾水，帶動身體前進。

記得也要做第143頁的練習唷！

練習掌握踢水、划水與換氣的時機。

練好這個動作後

就能掌握游蛙式時，踢水、划手（手划水的動作）、換氣動作配合的時機。

練習踢水三次划水一次

1

手往前伸直

踢水三次

（做三次）

這是重點！

踢水動作要確實做到。

2

划水一次

（做一次，划水並換氣。）

3

這個練習可以幫助大家把至今做過的踢水、划手、換氣練習，運用在實際的游泳過程中，目的在於讓大家先專注於做好踢水動作，接著再慢慢掌握到划手與換氣配合的時機。

首先，練習上方的「踢水三次划水一次」。每次都要確實用腳掌將水蹬出去，踢水三次之後，就划手一次並同時換氣，重複這個步驟，游完二十五公尺；下一個二十五公尺，練習「踢水兩次划水一次」；再下一個二十五公尺，就用「三二一游法」游完全程。

在每一項練習之中，都會經由下列流程學到換氣的時機：

練習三二一游法

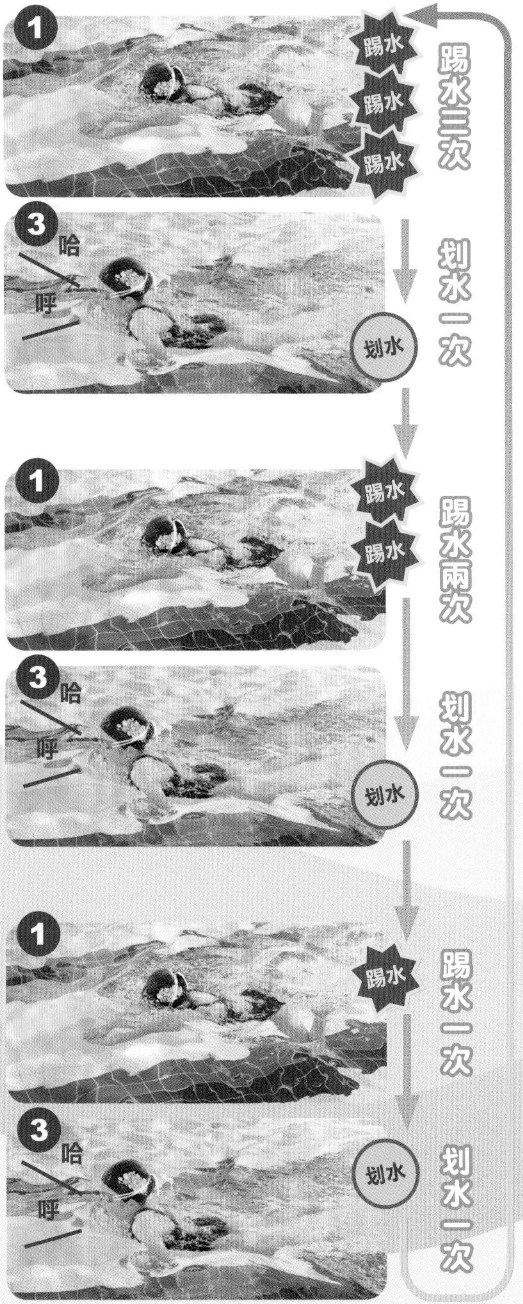
1
踢水
踢水
踢水
踢水三次
3
哈
呼
划水
划水一次
1
踢水
踢水
踢水兩次
3
哈
呼
划水
划水一次
1
踢水
踢水一次
3
哈
呼
划水
划水一次

練習踢水兩次划水一次

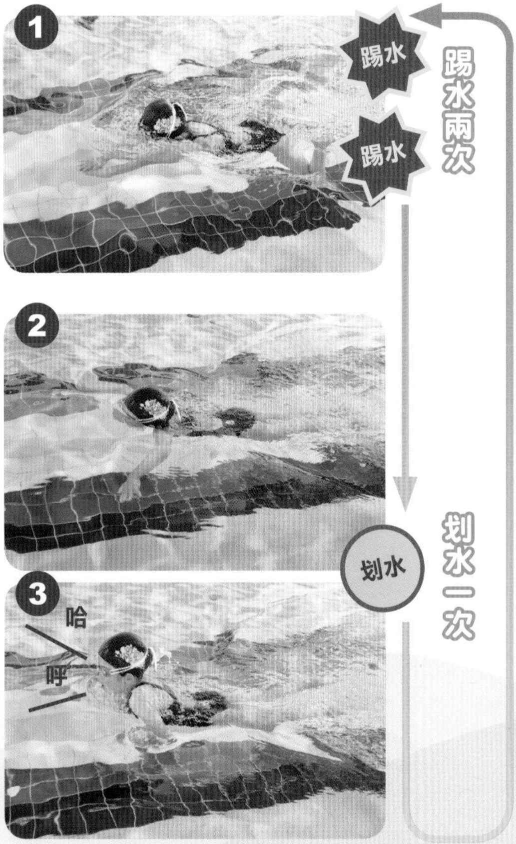
1
踢水
踢水
踢水兩次
2
划水
划水一次
3
哈
呼

①踢水動作完成後，兩腿夾起，身體伸直1～2秒。

②看著前方開始划水，腳跟往臀部靠攏，同時抬起上半身。**【照片②】**

③頭抬到水面上，發出「哈」的一聲從嘴巴吸氣。**【照片③】**大家要回想至今做過的所有練習，仔細做好每一個動作喔！

蛙式，完成！

這是重點！
雙膝張開與肩同寬後往內收，
才能確實做到用腳掌蹬水。

讓我們一一核對每一個動作。
複習一下有沒有哪個動作做不好呢？

仔細看圖，確認手和腳的動作。

在水中，要確認這些要點。

1 身體平直伸展

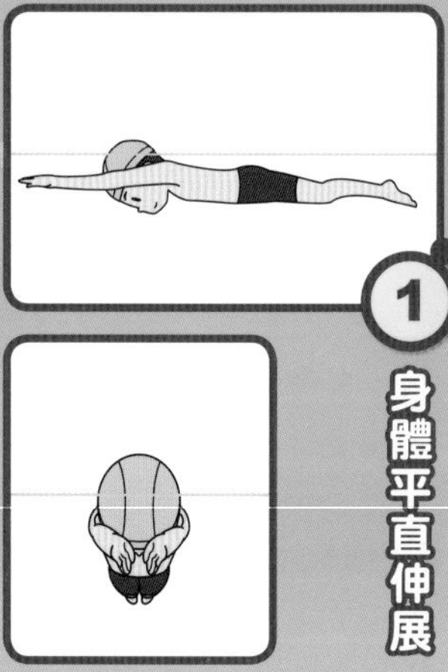

身 上至手指尖，下至腳趾尖，全身上下平直伸展開來，不要用力，保持放鬆。

臉 看著正下方。

手 掌心朝下。

2 手臂張開抓水

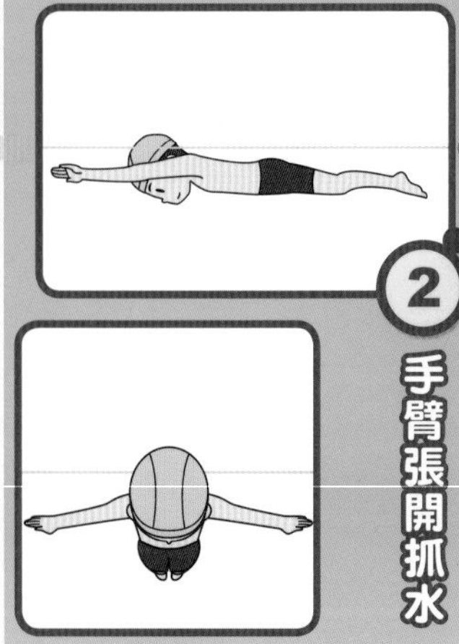

手 朝向下方的掌心斜斜往外翻，張開到略寬於肩膀處，開始抓水。

臉 依然看著正下方。

幫助大家游得更快、更輕鬆的要點

蛙式與自由式不同，主要是靠踢水將水往後方蹬的力道向前進。

為了將水用力蹬出，一定要學會「保持腳踝彎曲，用腳掌蹬水的動作」，如果這個動作做得不正確，就無法產生前進的力量，導致下半身下沉，無法迅速向前進。

蛙式最需要加強練習的就是踢水。如果無法理解用腳掌蹬水的感覺，可以先做第131頁的練習或是第136頁的夾腳浮板踢水練習也很有效。在家中，也可以一邊閱讀第143頁，一邊在棉被上掌握正確踢水動作的感覺。

踢水就是蛙式的核心。只要學會正確的踢水動作，就會游得很快喔！

3 雙手划水

手 兩手打開，手肘彎曲，雙手將水划向胸前。手肘的位置不要划到比胸部更後面。

身 雙手從前方划到側面，同時抬起上半身。

氣 當臉露出水面時，就換氣。

4 向內划水

手 掌心朝向內側，用手肘以下划動，向內抱水。手肘轉動到比胸部更靠前的位置。

腳 雙手掌心划到胸部前方時，兩腳腳跟保持與肩同寬，並向臀部靠攏。

5 兩手併攏向前伸

手 雙手掌心在下顎前方合起，接著像推出去一樣向前伸展。

腳 雙手併攏時，腳趾向外翻，腳踝保持彎曲，用臀部貼地坐姿將水往外踢。接著兩腿併攏，像要把水夾住一樣。

在家裡也能做

確認姿勢

練習

MANGA **SWIMMING** PRIMER

看著鏡子，確認自己的手腳動作。在水中游泳時，腦中也要想著這個動作。

對著鏡子檢查手和腳的動作，並注意換氣的時機是否正確。

①
雙手像畫
愛心一樣畫圈

②
手肘轉動到
胸部以上

③
畫圈的手朝
上方伸直

可以對著鏡子或大片玻璃，檢查自己手和腳的動作。

首先是確認手部的動作。手有像畫愛心一樣畫圈嗎？手肘可不能壓到胸部以下的位置，雙手在耳朵前方伸直也很重要。

接著是手腳動作的配合，這部分可以一邊看著第135頁，一邊做練習。

反覆練習以上動作的同時，也別忘了喊出「一、二──三」的節奏。

踢水是蛙式的核心！只要練好踢水，一定能游好蛙式。也可以錄下自己的動作，再對照影片確認。

在家裡也能做

踢水時腳不張開

練習

MANGA **SWIMMING** PRIMER

練習躺在棉被上，將腳跟往臀部靠攏，用臀部貼地坐姿將腿踢出去。

① 兩腳腳跟維持與肩同寬，並向內靠攏

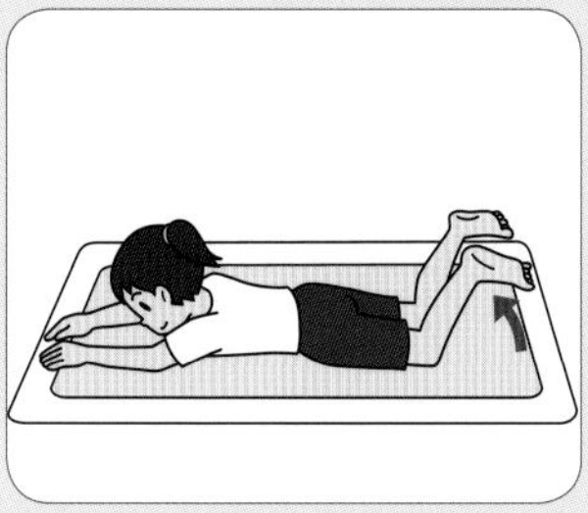

腳踝微彎，手往前伸直，抬起頭，稍微往前看。

② 腳踝保持彎曲，趾尖向外翻，接著踢出去

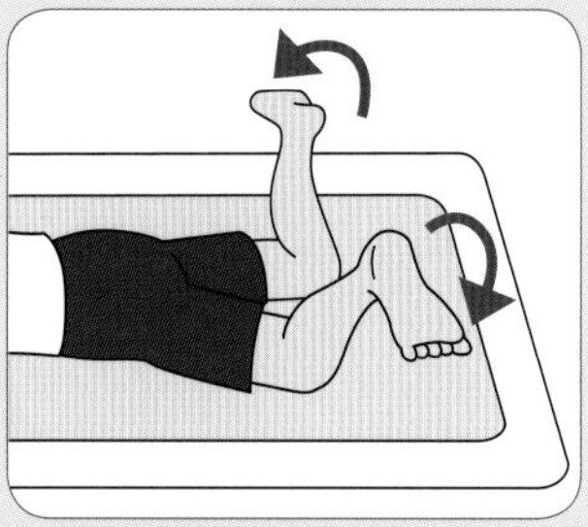

提醒自己做好臀部貼地坐姿，將腳趾尖朝外翻之後，腳跟自然會隨之轉動。

③ 兩腿夾起後，就伸直腳踝

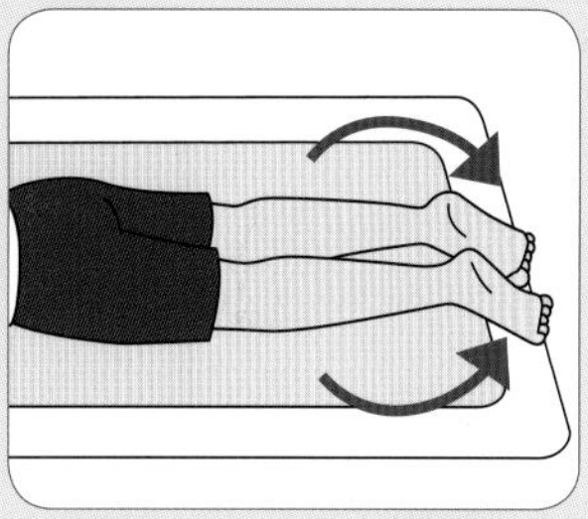

只要兩腿併攏，就能加強前進的力量，每次都要確實夾起唷！

讓我們在棉被上練習第136～137頁的臀部貼地坐姿踢水吧！蛙式前進主要來自踢水的力量，只要能做好踢水的動作，就能加快前進的速度，身體也會順利浮起，輕鬆就能做好換氣的動作。

請幫我解答 森教練

Question Q

我想多練習游泳！除了學校泳池，還有其他練習場所嗎？

學校以外的游泳場所

① 市民運動中心或社區泳池

有些地方會對小學生提供指導。

② 游泳教室

可以和年紀相近的朋友一起接受教練指導。

③ 遊樂園等場所的泳池

與其說是練習，大多數還是以玩水為主。

MANGA SWIMMING PRIMER

學校以外能練習游泳的地點主要有下列三種：

①市民運動中心或社區泳池：住在那個市區（社區）的居民就能入場。

②游泳教室：有教練提供指導，游得好就能晉級，也可以參加比賽。

③遊樂園等場所的泳池

練習時，也可以把「游泳能力檢定*」當成努力的目標唷！

*游泳能力檢定：請參照各游泳協會的實施辦法與規定。

Answer A

可以在公營泳池、游泳教室等地點練習，也可以把「游泳能力檢定」當作練習的目標。

水是好朋友！

第7章 比賽前再次複習游泳的要點

我是自由式選手？

大家都到齊了嗎？
我要來公布混合接力的選手。
吞口水
就這樣！
!?
對不起！
碰
啪
轟轟轟

我要公布了。第一位，負責仰式的早紀。
好。
第二位，負責蛙式的翔太。
通通交給我吧！
第三位，負責蝶式的角倉。
……
第四位，負責……
自由式的梨花。
這也是當然的。
航平是替補選手。
替補？
就是「預防萬一」的選手。
哈哈。
太好了！
第四位，負責自由式的太一。
是！
太一，加油喔！
謝謝。

教練，關於蝶式的換氣，我想請問……
你在說什麼啊？
你的蝶式已經是全班游得最好的啦！
要……
要怎麼做，才能游出像教練一樣的蝶式？
你看過教練游蝶式嗎？
沒看過。
就連游泳的樣子，前陣子也才第一次看到。
嘩啦
角倉，你應該沒看過我游蝶式吧？
我在電視上看過。

我在游泳公開賽的轉播中，看到教練游蝶式。
好厲害！就像飛魚一樣。
小學一年級的角倉
在那之後，我就把教練當目標，一直練習蝶式。
砰
那時候教練的泳褲有沒有穿反啊？
謝謝你。
不過，比賽馬上就要開始了。
你只要專心表現出目前最佳的成果就好！
比
是。
我會努力的！
推

下水前，先來複習每一項泳姿的要點。
仰式的要點？
頭不要動，做出漂亮的轉肩動作（第103頁）。
蝶式呢？
我會以教練的泳姿為目標。
蛙式呢？
要特別注意腿部動作（第128頁）。包在我身上！
縮腿
踢水
梨花，自由式呢？
做好最基礎的換氣（第83頁），迅速游到終點，奪得第一名！

很好，去換泳裝，二十分鐘後在泳池邊集合。
混合接力十一點半開始喔！
好！
是！
奇怪？
姊姊，怎麼了？
丟
丟
抖～
我忘記帶泳裝了！
什麼？
嗚哇

忘記帶？
今天就要比賽，我本來打算先穿好泳裝。
昨晚，我把泳裝拿出來，放在桌上……
明天早上就穿著泳裝去游泳教室。
泳鏡和毛巾已經放進包包裡，沒有問題。
游泳
結果你只帶了包包？
對。
對了，打電話給媽媽……
怎麼了？
啊！媽媽已經來了。
怎麼了？
開車回家也來不及……
哈、哈、哈，也就是說……

★通常需要參加比賽的情況下，會準備備用的泳裝。

看來，輪到預防萬一的選手出場了。
預防萬一的選手？
預防萬一的……
我？
我不是替補嗎？不是不會上場的
航平你是最後一棒，負責自由式！
揮
揮
我做不到啦！
加油喔！
微笑
雲上的姊姊……
航平一定沒問題啦！
我會遙遙領先，幫你拉大差距。
角倉哥、翔太哥。
航平，和我比賽吧！
太一……

教練，我願意上場！
哇嗚！
這麼說就對了！
看我的
加油喔！
不要擔心！
航平應該有帶泳裝吧？
嗯，我已經穿在身上了。
抓
很好！各位，換泳裝吧！
加油！
好——

第7章

練習跳水出發時，要有擔任教練的輔助者陪同。

給家長的話

練習跳水出發前，一定要先確定練習者真的有意願，千萬不要在強迫下進行。

練習的環境要選在水深一公尺以上的泳池，並有擔任教練的輔助者陪同。在這一章，將會講解如何從與水面同高度的泳池邊緣，做跳水出發的練習。

試著挑戰這些項目！

如果打算參加游泳比賽，就不能避開跳水出發的練習。在這一章，將會為了「想學會跳水出發」的大家，說明基本的練習方式。

練習時，請先確定「泳池的水深達一公尺以上，有輔助者陪同練習，並在教練的指導下，學習如何跳水出發」。

練習分三個階段，要循序漸進，先練習好第156頁的「站立跳水」後，再進行下一個階段，不可以逞強喔！

站著從泳池邊往水裡跳。

給家長的話

做這個練習時，輔助者要站在入水點對練習者說話，讓練習者安心，記得一定要提醒練習者，不能閉著眼睛跳下水。如果覺得害怕，輔助者可以牽著練習者的手，或是站得更前面設法安撫，再讓練習者跳下水；也可以先讓練習者跳下其他比較淺的泳池，掌握在泳池底部著地的感覺。

挑戰站立跳水

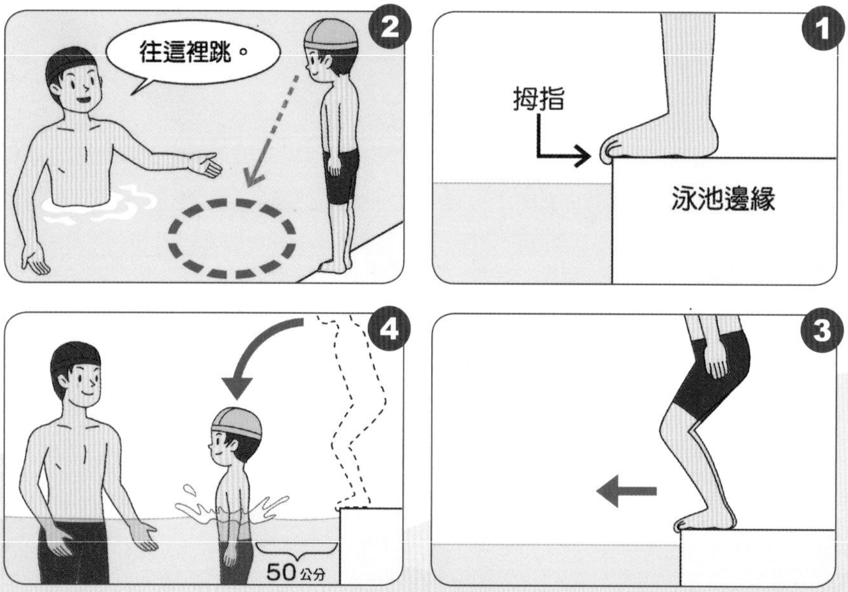

練好這個動作後

習慣站立跳水後，就不會再害怕「跳入水中」這件事了。

這個練習是要掌握「跳」的感覺，輔助者要在水裡看著練習者練習。

方法

①腳拇指勾住泳池邊緣。【圖片❶】

②看清楚即將跳下去的水面，就在前方約五十公分處。【圖片❷】

③膝蓋彎曲，雙手垂在身體兩側，整個人往前跳。【圖片❸】

④雙腳進入水中。【圖片❹】

如果害怕跳進一公尺深的泳池，可以先從其他水位較淺的泳池開始練習。

雙手向前伸直，蹲著以手指指尖進入水中。

給家長的話

第157、158頁的練習，請等練習者能用自由式、蛙式等泳姿各游二十五公尺以上，再開始練習。練習時，需有輔助者在場。看到練習者跳得太深，可能沉到池底時，輔助者必須馬上伸出手或腳，以防止意外發生，因此一定要委託可信賴的輔助者。

蹲著以手指指尖入水

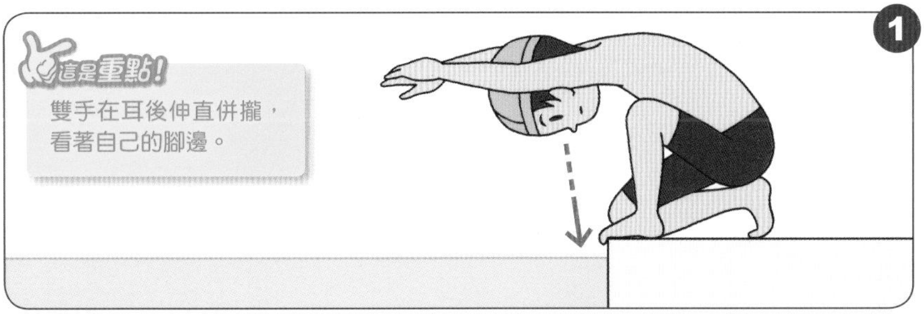
1
這是重點！
雙手在耳後伸直併攏，
看著自己的腳邊。

2
這是重點！
看著下方，將腿伸直，
以手指指尖入水。

練好這個動作後

就能掌握看著水面，以手指指尖入水的感覺，這個練習非常重要。

接下來，是以手指指尖入水的練習，重點在於入水時不要看向前方（不要抬頭），以及兩腿伸直後再入水。

如果能「撲通」一聲入水，就沒有問題了。

方法

① 一腳的膝蓋跪在泳池邊緣，雙手在耳後併攏，向前伸展，眼睛看著腳邊。【圖片❶】

② 身體往手指指尖的方向前傾，同時前腳蹬出泳池邊緣，兩腿伸展開來，從手指指尖「撲通」一聲入水。【圖片❷】

保持雙手在前方交疊的姿勢，兩腿伸直後跳入水中。

給家長的話

輔助者請站在入水點，注視著跳下來的練習者。事前請提醒練習者與輔助者，「不要跳到太靠近岸邊的位置」和「跳水時，兩臂不可以往下壓」，這兩種行為都很容易導致意外發生。

兩腿伸直跳入水中

這是重點！ 看著水面，兩腿伸展開來。

這是重點！ 要往比自己身長稍遠的水面跳，以手指的指尖入水。跳入水後，指尖朝著水面稍微往上抬。

練好這個動作後

就能掌握腿伸直跳入水中的感覺，只要練好這個動作，就等於學會跳水的基礎。

上一個練習是彎著腿跳，這次換成兩腿伸直跳入水中，請先練好前一頁的跳水動作，再來做這個練習。

如果還想進一步學習跳水，可以找專業的教練做正式的學習。

方法……

① 一腳在前，雙手在耳後併攏，並向前伸展。【圖片❶】

② 身體前傾，同時用前腳蹬出泳池邊緣。【圖片❷】

③ 以指尖入水。【圖片❸】

④ 入水後，身體平直伸展開來，並將手指指尖稍微往上抬。

Question Q

蹲著以手指指尖入水好可怕！該怎麼做，才能學會這個動作？

Answer A

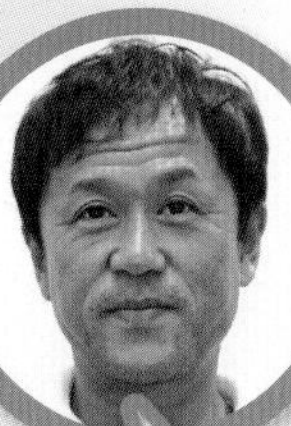

請輔助者幫忙按住手和膝蓋，掌握以手指指尖入水的感覺吧！

請人幫忙按住手和膝蓋

請人幫忙按住手和膝蓋，
維持這個姿勢以手指指尖入水。

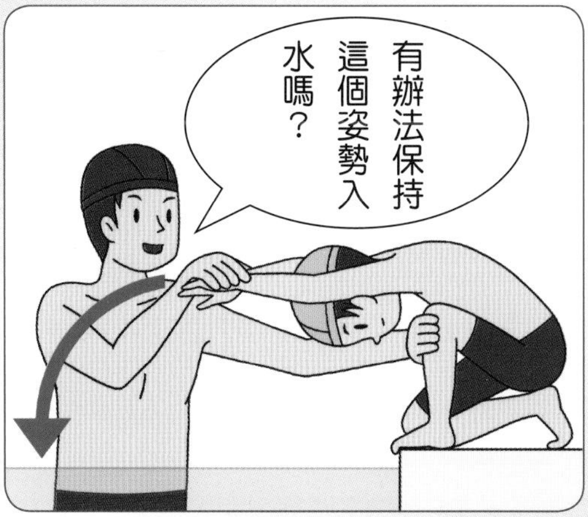

MANGA SWIMMING PRIMER

我很理解這種害怕的心情，畢竟要看著腳邊，讓身體往前傾，想必是從以前到現在都沒有過的經驗。

在這種時候，就拜託輔助者幫忙吧！如同上圖，請站在水中的輔助者按住你的手和膝蓋，同時以腳為支點，慢慢以手指指尖進入水中。

一開始先請輔助者穩穩按住自己，等到習慣後，就可以請輔助者在中途放開手了。

水是好朋友！
第8章
田所教練的排名？
游泳真好玩！
班際游泳大賽
角倉，由你來鼓舞大家吧！
是！

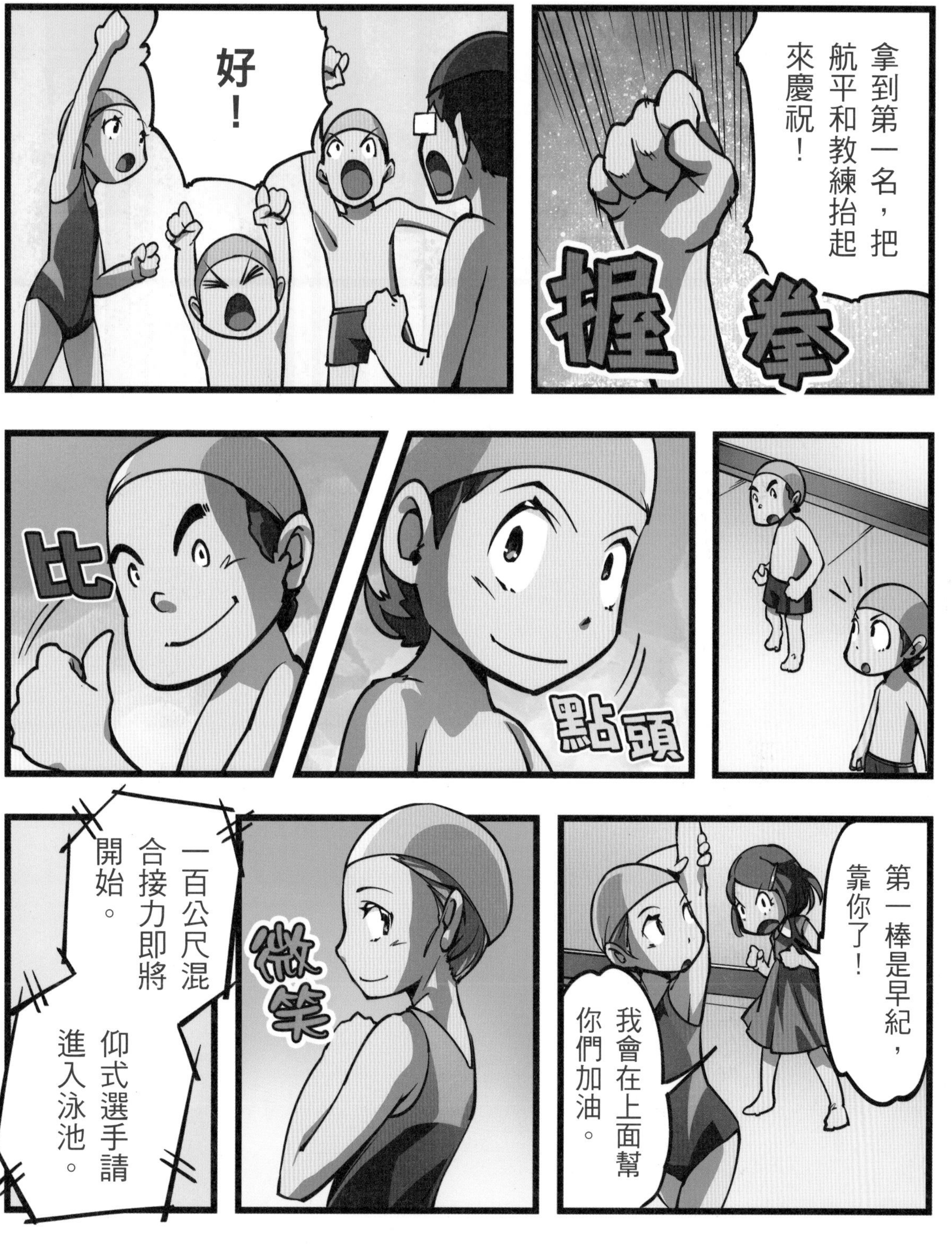
拿到第一名，把航平和教練抬起來慶祝！
握拳
好！
點頭
比
第一棒是早紀，靠你了！
我會在上面幫你們加油。
微笑
一百公尺混合接力即將開始。
仰式選手請進入泳池。

緊抓
預備！
嗶——
仰式
砰！
嘩啦
早紀，加油！
我最喜歡仰式了。

早紀好厲害！
一下子就拉開四公尺的差距。
我要記得大幅轉動肩膀。
加油！
只剩五公尺。
！
摸

蹬
翔太！
砰通
要是他的跳水能做好，速度肯定會更快。
感覺好痛～
蛙式
嗚啊！胸口肯定變得紅通通了。
痛
痛
沒關係！反正很輕鬆。
嘩啦

看我的！
慢慢
拉近
翔太！你給我認真游，差距縮小了！
臭小子——
真的假的？
哈—
不要回頭啊！
認真游啦！
下一棒是角倉哥。
握

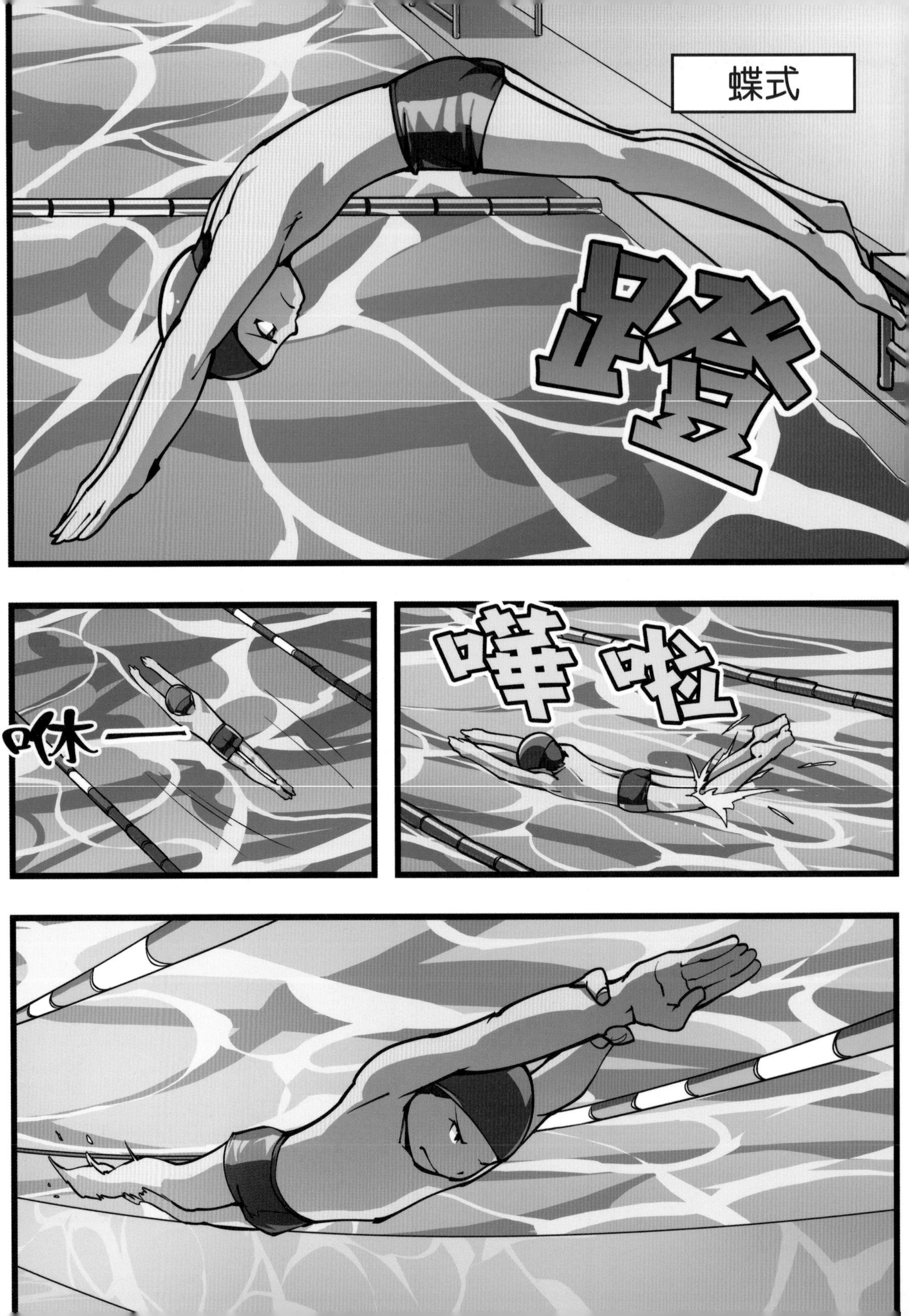
蝶式
蹬
咻——
嘩啦

角倉出發後的海豚式踢水，做得非常漂亮。
那能拉開與別人之間的距離。
好厲害！角倉又把距離拉開了。
角倉哥，加油！
呼
呼
嘩
絕不能在蝶式輸人！
拉開十公尺的差距。
這下子航平可以安心游了。

摸
航平，上！
去吧！航平──
咦？
跳進水中後，保持手臂伸直，在水中前進。
嘩啦

身體往上浮，開始打水，
划水，然後推水！
嘩
啦
自由式
沒錯吧？
航平的跳水，已經比我還好了。
兩手手臂夾往耳朵，以指尖入水，就能做到漂亮的跳水。
喔～
接下來是勝負的關鍵！
那個叫太一的男生，游得很快。
摸
咻

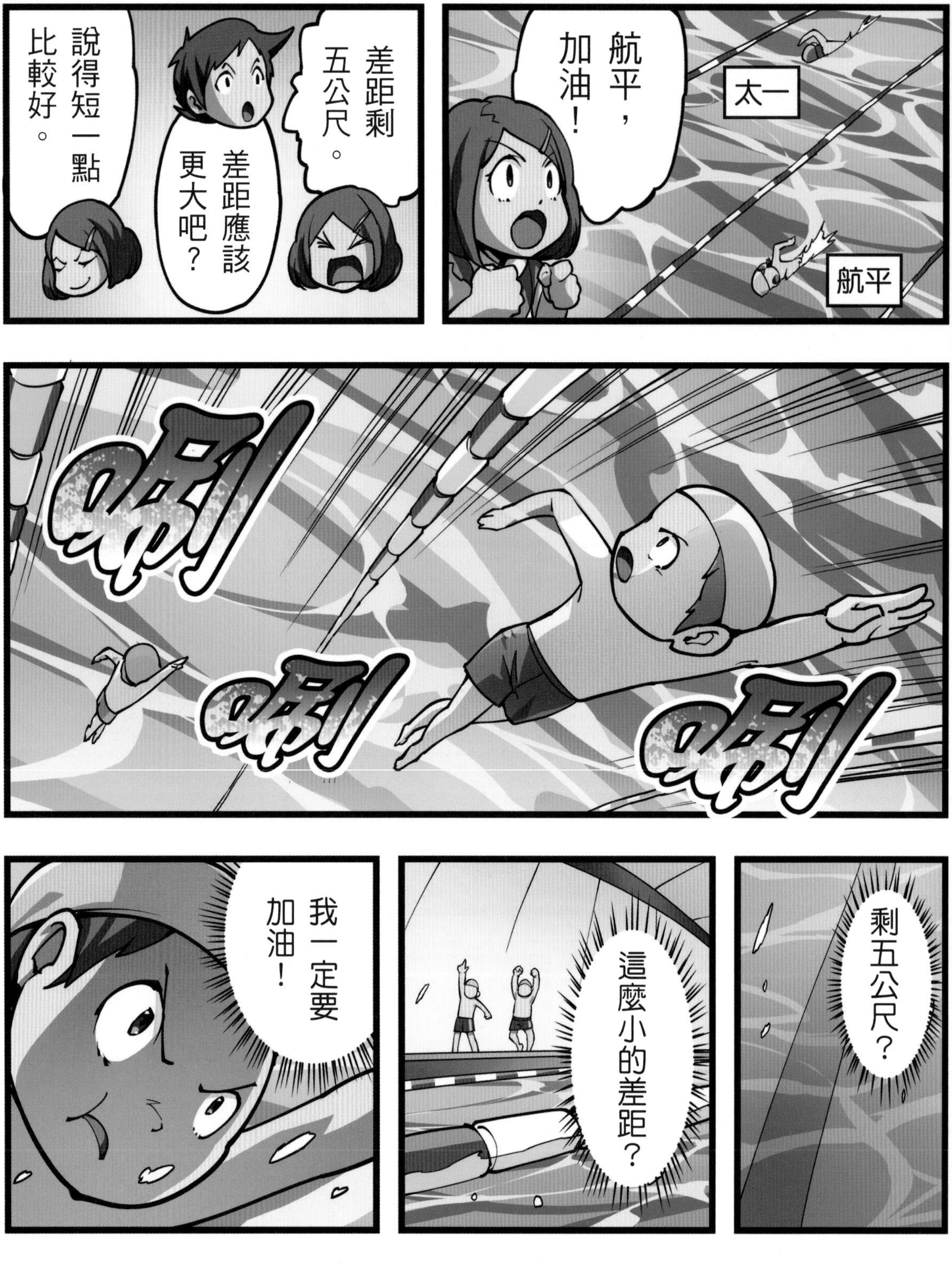
航平，加油！
太一
航平
差距剩五公尺。
差距應該更大吧？
說得短一點比較好。
唰
唰
唰
剩五公尺？
這麼小的差距？
我一定要加油！

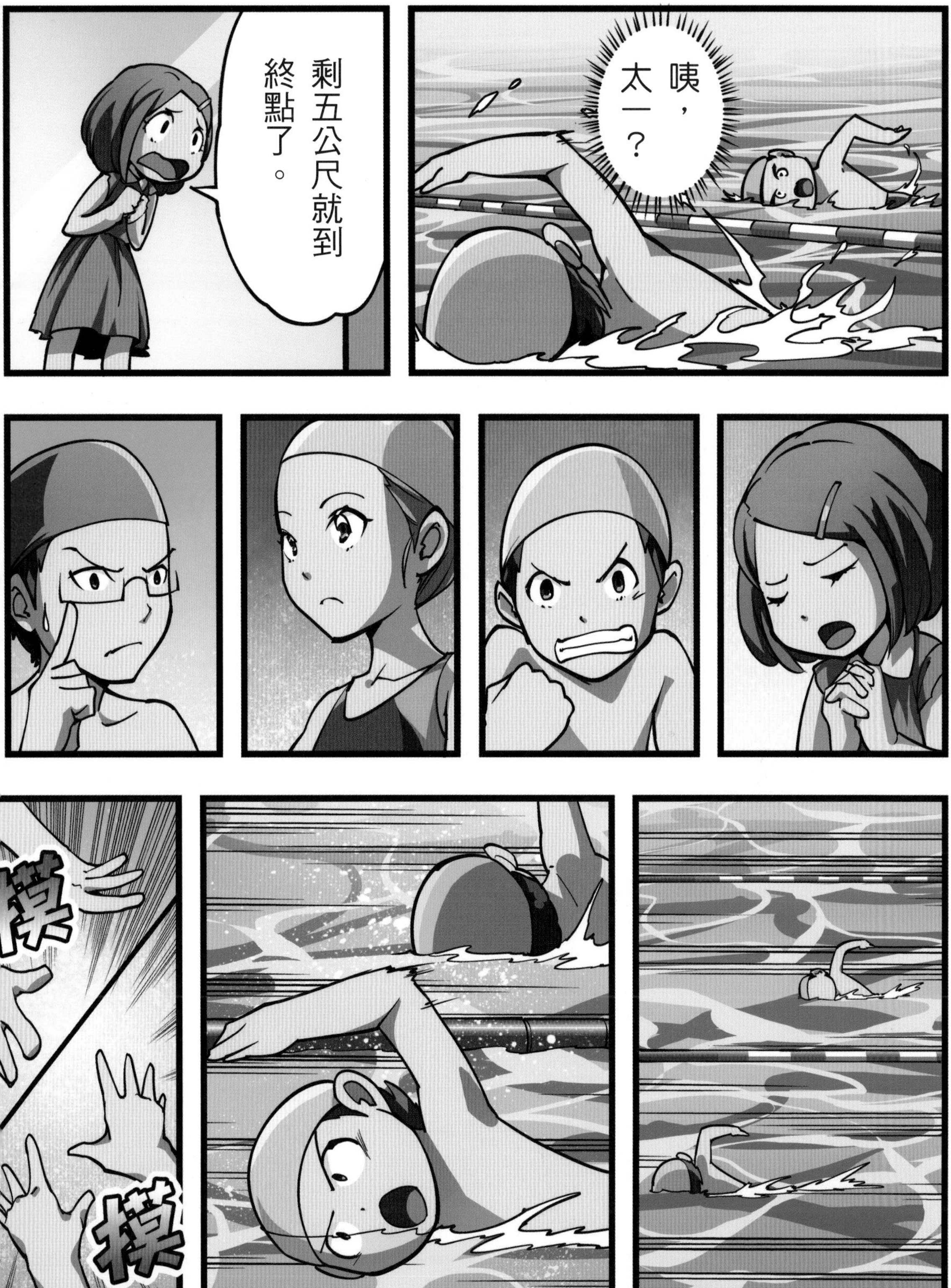
咦，太一？
剩五公尺就到終點了。
摸
摸

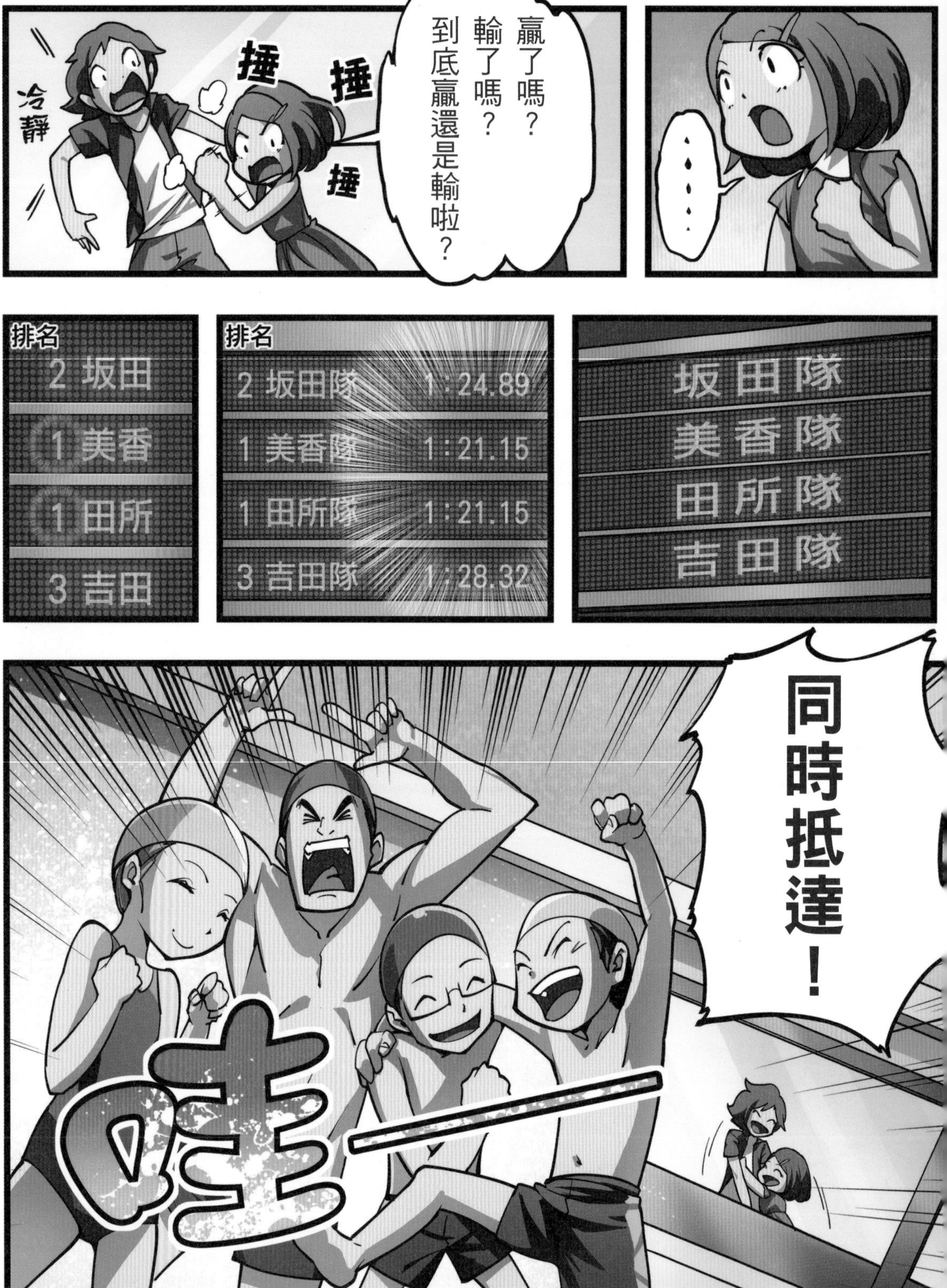
……
贏了嗎？輸了嗎？到底贏還是輸啦？
捶
捶
捶
冷靜
坂田隊
美香隊
田所隊
吉田隊
排名
2 坂田隊 1:24.89
1 美香隊 1:21.15
1 田所隊 1:21.15
3 吉田隊 1:28.32
排名
2 坂田
1 美香
1 田所
3 吉田
同時抵達！
哇——

航平，下次我不會輸喔！
我也是。
下次也不會輸！
碰
啪
航平，很厲害喔！你很努力了。
教練，游泳……
真好玩！
完

請幫我解答 森教練

Question Q

我慢慢覺得游泳很好玩，該怎麼做，才能游得更好呢？

想要游得更好，就要勤加練習，也可以報名游泳班，接受教練專業的指導。

練習時要注意聽教練的提醒，參考優秀選手的游泳姿勢，在腦中建立自己的目標，一邊思考一邊練習，比方說，如果左手的划手一直做不好，可以試試看「只用左手游泳」的方式。

錄下影片檢查自己的泳姿，也是一個很有效的方法唷！

如果還想游得更好

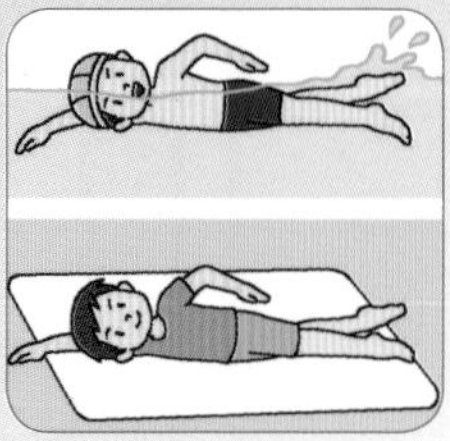

1 不管是在泳池或家裡，都要勤奮練習

2 腦中想著自己游泳的姿勢

3 錄下影片，並檢查泳姿

Answer A

多多練習，想像自己游泳的模樣，一邊思考一邊練習吧！

在本書中提供教學的教練

監修

森謙一郎

〔日本游泳聯盟競泳強化人員／柏洋 SWIMMERS 執行長〕

1967年生，日本東海大學體育學系畢業。
目前於日本千葉縣柏洋SWIMMERS擔任指導。
為千葉縣游泳聯盟理事、國民體育大會千葉縣競泳監督，
以及日本體育協會認證上級教練。

模特兒

小夏

〔小學二年級學生〕

六個月大就開始學游泳。
於幼兒園大班獲選進入游泳教室進階班，
現在則進入選手班，每周練習四次。

漫畫 岩元健一

曾任職於家用主機遊戲公司，離職後轉任自由接案插畫家。現在擔任專門學校講師，提供全方面的數位繪圖教學，同時於手機遊戲、書籍等發表漫畫與畫作。

監修 森謙一郎

1967年生。日本東海大學體育學系畢業。目前於千葉縣柏洋SWIMMERS擔任指導。為千葉縣游泳聯盟理事、國民體育大會千葉縣競泳監督，以及日本體育協會認證上級教練。

翻譯 陳姿瑄

國立臺灣大學日本語文學系畢業。譯作有《經典圖像小說：莎拉公主》、《經典圖像小說：湯姆歷險記》、《經典圖像小說：羅密歐與茱麗葉》、《經典圖像小說：三劍客》、《經典圖像小說：銀河鐵道之夜》、《小學生志願指南：長大後你想做什麼？立定志向從現在開始！》、《經典圖像小說：阿爾卑斯山的少女》、「就是愛球類運動」系列（以上皆為小熊出版）。

審訂 陳怡仲

前游泳國手，臺灣游泳名將。目前任職於新北市秀朗國小，並擔任國立臺灣大學游泳代表隊——臺灣大學競泳部專任教練，致力於培訓新北市基層優秀游泳選手，教導出許多泳壇好手。

童漫館

讓你技巧進步的漫畫圖解游泳百科

就是愛游泳！

漫畫／岩元健一
監修／森謙一郎
漫畫編輯／株式会社Sideranch
漫畫腳本／中村茂雄〔りんりん舎〕
編劇・編輯協助／中村茂雄〔りんりん舎〕
解說插圖／森永Mig、高原惠、Wano Etsuko、瀨川尚志
攝影／布川航太、中村茂雄〔りんりん舎〕
協助／柏洋SWIMMERS／http://www.hakuyo-s.net
校對／遠藤理惠
裝訂／修水〔Osami〕
翻譯／陳姿瑄
審訂／陳怡仲

參考資料

《柏洋SWIMMERS Note》
（株式会社　柏洋）
《將對手甩在身後！小學生游泳進步的要點》
（Mates出版、森謙一郎監修）

總編輯：鄭如瑤｜文字編輯：姜如卉｜美術編輯：莊芯媚｜行銷主任：塗幸儀
社長：郭重興｜發行人兼出版總監：曾大福｜業務平臺總經理：李雪麗｜業務平臺副總經理：李復民
實體通路協理：林詩富｜網路暨海外通路協理：張鑫峰｜特販通路協理：陳綺瑩｜印務經理：黃禮賢
出版與發行：小熊出版・遠足文化事業股份有限公司｜地址：231 新北市新店區民權路 108-2 號 9 樓
電話：02-22181417｜傳真：02-86671851｜劃撥帳號：19504465｜戶名：遠足文化事業股份有限公司
客服專線：0800-221029｜E-mail：littlebear@bookrep.com.tw｜Facebook：小熊出版
讀書共和國出版集團網路書店：http://www.bookrep.com.tw｜讀書共和國出版集團客服信箱：service@bookrep.com.tw
團體訂購請洽業務部 (02) 2218-1417 分機 1132、1520｜印製：凱林彩印股份有限公司
法律顧問：華洋法律事務所／蘇文生律師｜初版一刷：2019 年 7 月｜初版六刷：2022 年 8 月
定價：420 元｜ISBN：978-957-8640-96-2

國家圖書館出版品預行編目 (CIP) 資料

就是愛游泳！：讓你技巧進步的漫畫圖解游泳百科 / 岩元健一漫畫；森謙一郎監修；陳姿瑄翻譯. -- 初版. -- 新北市：小熊出版：遠足文化發行，2019.07
176 面；22.6×18.6 公分. --（童漫館）
譯自：うまくなる水泳
ISBN 978-957-8640-96-2（精裝）
1. 游泳 2. 漫畫
528.961　　108007931

MANGA **SWIMMING** PRIMER